中国文化
1000问

木 梓◎主编

沈阳出版发行集团
沈阳出版社

图书在版编目（CIP）数据

中国文化1000问/木梓主编．-- 沈阳：沈阳出版
社, 2025. 3.（2025. 4重印）-- ISBN 978-7-5716-4799-5

Ⅰ . K203-49

中国国家版本馆 CIP 数据核字第 20255S0H81 号

出版发行：沈阳出版发行集团 | 沈阳出版社
　　　　　（地址：沈阳市沈河区南翰林路10号　邮编：110011）
网　　　址：http://www.sycbs.com
印　　　刷：天津荣鑫印务有限公司
幅面尺寸：170mm × 240mm
印　　张：10
字　　数：131千字
出版时间：2025年3月第1版
印刷时间：2025年4月第4次印刷
责任编辑：马　驰
封面设计：彭明军
版式设计：彭明军
责任校对：王玉位
责任监印：杨　旭

书　　　号：ISBN 978-7-5716-4799-5
定　　　价：49.80元

联系电话：024-24112447
E - mail：sy24112447@163.com

本书若有印装质量问题，影响阅读，请与出版社联系调换。

前 言

作为一个拥有五千多年悠久历史和灿烂文化的国家，我国拥有无数令世人震惊的文化与知识。如果把中华大地比作一位博爱无私的母亲，那她所孕育出的文明和智慧结晶就如同夜空中璀璨闪耀的星辰一般，照亮了每一位中华儿女的前行之路，也装点了人类世界文明的绚丽天空。

对当代小学生来说，了解和学习中华文化，是一件非常重要且必要的事。对他们来说，璀璨的中华文化仿佛是一座宏伟的知识宝库，在这里，他们能了解到课本以外的文化知识，近距离感受古人的独特智慧与创造，也能深入了解我国悠久的历史文明，激发内心的民族自豪感与爱国情怀。

可以说，通过学习和了解中华传统文化常识，小学生不仅能在知识方面获得大幅度提升，还能在心灵成长方面得到丰富的滋养与补给。这一切，都将会深刻影响他们今后的学习与生活，为他们的成长提供最有意义、最有价值的指引。

为了让广大小学生更好地了解我国的传统文化常识，我们专门编写了这部《中国文化 1000 问》。本书博览众多普及中国文化常识的专业书籍，从小学生当下的学习与生活实际出发，精选其中最符合他们学习需求和成长需求的文化常识，用浅显易懂的语言进行最具启发意义的讲解和普及。

从内容来看，本书分为汉字、哲学及文学常识、中国历史常识、传统艺术常识、科技医学常识、教育与官吏官制常识、节令风俗与衣食住行常识、天文历法常识、山川地理常识共八个主题，以多角度的方式向小学生普及我国传统文化常识里的精华内容，让大家近距离感受中华文明的博大精深。

通过了解和学习这些文化常识，小读者们的知识面将会有一个较大的提升，他们的眼界和见识也会随之提升。这将为他们今后融入社会打下坚实的基础，而他们也能更好地践行"读万卷书，行万里路"的成长要旨。

目　录

第一篇

汉字、哲学及文学常识

传统文化不仅是民族文化的瑰宝，更是人类智慧的结晶。传统文化以其独特的魅力，承载着历史的记忆，传递着先人的智慧与情感。它教会我们如何去爱，如何去面对生活的困境，如何在纷繁复杂的世界中寻找到内心的宁静。在快速变化的现代社会，传统文化的重要性愈发凸显，它不仅是连接过去与未来的桥梁，更是我们寻找文化根源、坚定文化自信的重要途径。让我们一同走进传统文学的殿堂，感受那跨越时空的恒久魅力。

汉字常识

造字法有哪几种?

汉字的造字方法,古人有"六书"的说法,即象形、指事、会意、形声、转注、假借。前四种为造字法,后两种为用字法。

什么是象形?

象形是一种独体造字法,用线条描画实物形状来造字,如"月"像明月,"龟"像龟形。它来源于图画文字,但图画性质减弱,象征性质增强。象形字是最原始的造字方法之一,但有其局限性,因为有些事物难以画出来。常见象形字包括人体、动物、植物、服饰器物、天文地理等类别。

什么是指事?

指事是一种独体的造字法,用象征性符号或在象形字的基础上加指事符号来表示意义。例如"刃"在"刀"的锋利处加一点,"上、下"在主体"一"的上下方加标示符号。指事字分纯符号性和象形字加符号两类,用于表达抽象或不易画出的事物。

在造字法里,"会意"的意思是明白吗?

不是,会意是一种合体造字法,用两个或两个以上的独体字组合来表示新意义。如"酒"由"酉"和"水"组成,"鸣"由"口"和"鸟"组成。会意字分为同体会意和异体会意两类,常见会意字有从、比、友、北等。

"形声"指的是形状和声音吗?

形声是一种合体造字法,由形旁和声旁组成。形旁指示字的意思或类属,声旁表示字的相同或相近发音。例如,"樱"字形旁为"木"表示树木,声旁为"婴"表示发音;同样,"齿"字形旁画出牙齿形状,声旁"止"表示读音相近。

转注是什么意思？

转注是用字法，指同一词根分化出的同义字，用于互相训释。如"老"和"考"，本义都是长者，可互训。这些字通常有相同的部首或部件，并在读音上存在音转关系，如"颠"和"顶"，"窍"和"空"等。

假借指的是什么？

假借是用字法，指语言中有些词有音无字时，借用已有的同音字来表示。例如，借用表示皮衣的"裘"（求）字来表示请求的"求"，借用表示黄昏的"暮"（莫）字来表示否定副词"莫"。这种方法在汉字的发展中起了重要作用。

甲骨文是中国最早的文字吗？

不是，尽管甲骨文是我们现在所能见到的最早且相对完整的汉字体系，但在甲骨文之前，已经存在某种形式的文字记录，如龙山文化和仰韶文化陶器上的刻画符号，这些符号的年代可能早于甲骨文。因此，甲骨文不是中国文字历史的起点。

汉字的演变经历了几个阶段？

汉字的演变经历了三个阶段：古汉字阶段从商周甲骨文、金文到秦代小篆；第二阶段从秦代小篆到汉代隶书；第三阶段从汉代隶书到魏晋楷书。汉字演变的总趋势是由繁趋简，从不定型到定型，包括减少笔画、简化结构、精简字数和淘汰异体字等。

"壹、贰、叁"等大写的数目字原来就是指数字吗？

不是。"壹"最初表示专一，"叁"是"参"的俗体字，意为参加、拜访，"贰"则指副职。它们被用作大写数目字是在武则天时期，为了防止官吏涂改单据而统一规定的。

汉字是从什么时候开始由竖写改为横写的？

原来竖写汉字的书写习惯，在清代中后期随着西学东渐逐渐开始有所改变。到了1955年1月1日，《光明日报》率先采用汉字从左向右、横行排版的方式。到1956年1月1日，《人民日报》也改为横排，至此全国响应，汉字逐渐实现了从竖写到横写的转变。

中国汉字究竟有多少个？

中国汉字的确切数量很难确定，因为汉字的创造活动一直在进行。已通过专家鉴定的北京国安资讯设备公司汉字字库共收录有出处的汉字91251个。

独体字与合体字有什么区别？

独体字是指不能分解为两个独立部分的汉字，多为象形字和指事字，如"日、月、本"。合体字则由两个或更多部件（偏旁）组成，大部分是形声字，如"沐、嶙"，小部分是会意字，如"休、相"。

同音字与多音字的定义分别是什么？

同音字是指读音相同但字形和意义可能不同的字，分为字形相似和字形不同两类。多音字是指有两个或更多读音的字，通常是多义字，读音的确定需依据其在语言环境中的用法和组成的词语。

多义字与形似字分别指什么？

多义字（多音多义字）是指字形相同但字音、字义不同的字。形似字是指字形相近但意义可能不同的字，可通过笔画、结构、笔画数、部首偏旁等细微差别辨别。多义字重在字义多变，形似字重在字形相似。

汉字的笔画有哪几种？

汉字的笔画是构成其字形的特定点和线，是汉字的最小结构单位。根据楷书书写要求，从落笔到抬笔称为一笔或一画。汉字的基本笔画包括横、竖、撇、点、折5种，这些笔画组合形成了各种复杂的汉字字形。

汉字的笔顺规则是什么？

汉字的笔顺是书写笔画和部件的规范顺序，遵循从上到下、从左到右、先横后竖、先撇后捺、先外后里、先外后里再封口等基本规则，

以及补充规则如中间长或宽先写中间、正上左上点先写等，确保汉字书写的正确性和美观性。

◆ 汉字的结构有哪几种？

汉字结构是指笔画、偏旁组合方式，分为独体、上下、上中下、左右、左中右、半包围、全包围、品字形等类型。独体字无法再分偏旁，合体字则由不同偏旁按特定方式组合而成，形成丰富多样的汉字形态。

◆ 偏旁和部首分别指什么？

偏旁是合体字的组成部分，分形旁和声旁，形旁表意，声旁表声。部首是字典等根据汉字形体偏旁分的门类，有共同偏旁的字归为一类，其共同偏旁为首字。不便归类的字可用共有起笔笔画做部首，汉语词典或字典约有 200 个部首。

◆ 部首和偏旁有什么关系？

部首是特殊的偏旁，用于字典分类，表示词义类别；而偏旁是合体字的组成部分，包括形旁和声旁，更多用于表示字的表音成分。因此，部首一定是偏旁，但偏旁不一定是

部首，偏旁的数量多于部首。

◆ 什么是检字法？

检字法，又称查字法，是用于字典、词典等工具书中文字排列次序的检索方法。主要包括音序检字法，通过字的读音查找；部首检字法，根据字的部首查找；以及数笔画检字法，按照字的笔画数量查找。

◆ 什么是部首检字法？

部首检字法是利用汉字部首查字的方法，适用于知道字形但不知读音和释义的情况。步骤包括：找出字的部首并数清笔画，在部首目录中找到该部首及页码，然后在检字表中按部首和剩余笔画找到所需字。

◆ 部首怎么确定？

确定汉字部首的规则：先找上、下、左、右、外部，若无则查中间或左上角。若多个部首共存，则按上下查上、左右查左、内外查外的顺序。独体字若本身是部首则查整体，否则查起笔。

◆ 音序检字法是什么？

音序检字法是按汉语拼音字母顺序查字的方法，适用于知道字音

但不知字形和释义的情况。使用步骤包括：读准字音确定字母，在音节表中找到该字母及对应音节和页码，最后按页码和四声顺序在字典正文中找到所需字。

◆ **数笔画检字法具体是什么方法？**

数笔画检字法是根据汉字全字的笔画数量和起笔顺序来查字的方法，适用于知道字形但不知道读音和部首的情况。使用该方法需要先数清字的笔画数，然后在字典的"难检字笔画索引"中查找，再按页码找到字并查询其读音和意义。

哲学思想

◆ **"儒家文化圈"是指什么，它包括哪些国家和地区？**

儒家文化圈是指那些推崇儒家文化，并将其基本价值观和伦理原则视为社会主流价值观的国家或地区。包括东亚的中国、日本、韩国、朝鲜，以及东南亚的越南、新加坡等国。"儒家文化圈"的说法也逐渐得到世界的认可。

◆ **中国正统思想儒学是"儒教"吗？**

儒家是极具代表性的此岸哲学，注重说明人并不是神明，更关注现实。而宗教是"先验"的，超脱现实。儒家只是一套用逻辑推导出来的体系。所以，儒家只是一门类似于宗教的学术派别，并不是宗教。

◆ **"百家争鸣"中的"百家"是指一百个学派吗？**

春秋战国时期，出现了一大批举世闻名的思想家，人们并没有对他们直呼其名，而是敬称他们为"子"，也就是后来的诸子百家。"百家"是说明当时思想家众多，是一种夸张的说法，并没有一百家。

◆ **孔子和老子见过面吗？**

老子比孔子年长 20 岁，二人是

同一时期的人，都是当时声名远扬的人物。孔子还四处游学，遍访名人，因此二人见过面并不稀奇。其实，从孔子的一些记录来看，二人的确见过面。

◆ "春秋笔法"是什么意思？

"春秋笔法"是一种写作方法，抑或一种语言运用的艺术。其通过委婉的文笔，让读者自行揣摩其中的深意，有"微言大义"之心思。而孔子创作的《春秋》一书就是用这种隐晦的态度来记录史实。

◆ "黄老学派"是怎么出现的？

战国中后期，国家政治动荡，渴望和平的人们便开始推崇曾开创过中国大一统时代的黄帝。当时的道家因此创立了以老子、黄帝的思想为指导思想的"黄老学派"。

◆ "中庸"是什么意思？

"中庸"是中国哲学的一种重要思想，是儒家思想所尊崇的"仁""义""礼""信"等几种核心理念中的一种，其中心理念是儒学中的中庸之道，以"天人合一"思想为根基，其主要宗旨在于修养人性。

◆ 风靡魏晋南北朝的"玄学"是一种什么学问？

玄学是魏晋时期王弼、何晏等人以儒家为基础，将道家的精神形态汲取过来，对事物原理进行推导的一种唯心主义哲学。这里的"玄"是指万物本质、源头等理念。

◆ 理学分哪几派？

理学又称道学，主要有两大派别：一是以"二程"、朱熹为代表的程朱理学，二是以陆九渊、王守仁为代表的陆王心学。前者是一种客观唯心主义哲学，后者是一种主观唯心主义哲学。

◆ 王阳明的"心学"是一种什么样的学问？

王阳明所提出的"心学"，从本质上来说，是理学内部延伸出来的一种反叛。从总体上来说，是通过反驳朱子之学发展起来的。"心学"认为心是宇宙的根本，觉得心的本体就是良知，而良知就是天理，具有浓厚的唯心主义色彩。

◆ "格物致知"是什么意思？

"格物致知"是《礼记·大学》"八目"中的前两目，意思是认真研究所遇到的物和事，严肃对待，就像在格子里面放物品一样。人有光明的秉性，要掌控事物，不可被事物所牵引，进而掌握真正的知识。

◆ 明末三大思想家分别是谁？

明末清初三大启蒙思想家是顾炎武、黄宗羲和王夫之。他们着眼于批判社会，从政治、经济、哲学、历史等多个方面提出了很多新主张，散发着近代启蒙思想的光辉，他们还提出了分君权、清议等多种设想，具有启蒙意味。

◆ 严复翻译《天演论》的目的是什么？

鸦片战争中，相比西方列强，清王朝实在太弱了，朝野上下都意识到要传播西学，很多知识分子开始大量翻译西书，严复也翻译了《天演论》，"物竞天择，适者生存"正是出自这本书。

经典名作

◆ 《易经》具有什么样的历史地位？

《易经》是我国一部历史悠久、思想深刻的经典作品，是中国古人智慧的结晶。其"天人合一"思想、阴阳学说和先后天思想是道家学说的思想根本，被道家推为"三玄之一"，对中国儒学、中医学、哲学等都影响深远。

◆ "四书五经"分别是指哪四本书、哪五经？

"四书"是指《论语》《孟子》《大学》《中庸》，"五经"分别指

《诗经》《尚书》《礼记》《周易》和《春秋》。

中国第一部诗歌总集是什么？

《诗经》是中国第一部诗歌总集，收录了从西周初年到春秋中期的诗歌作品，共计 305 篇。中国古代诗歌创作的现实主义的优秀传统就是由它开创的，有"古代社会的人生百科全书"之称。

◆ 有"乐府双璧"之称的诗歌是哪两首？

《乐府诗集》是中国历史上最为完备的一部乐府歌辞总集，分南歌和北歌两部分。北朝民歌中的《木兰诗》和汉乐府民歌中的《孔雀东南飞》并称为长篇叙事诗的"乐府双璧"。

◆ 中国第一部浪漫主义诗歌总集是什么？

《楚辞》是继《诗经》后为中国文学带来广泛又深刻影响的一部诗歌总集，有中国第一部浪漫主义诗歌总集之称，汇集了战国楚人屈原、宋玉等人的作品。

◆ 《论语》的主要内容是什么？

《论语》是记录孔子及其弟子言行的语录体著作，主要阐述了儒家思想体系中"仁"的核心内容，提出了孝、悌、信、勇等道德规则，还提出了很多修养身心的方法。

◆ 《孟子》的主要内容是什么？

《孟子》记录了孟子的思想及其政治言论。孟子提出性善论，强调君主要实行"仁政"，推崇"汤武"，要求君主要体察百姓。他还强调教育的重要意义，告诉人们要志向远大。

◆ 《老子》一书的主要内容是什么？

《老子》阐述了道家思想，提出宇宙万物都从"道"而来。"道"的核心是无为，人们要遵从自然规律，心静如水，和自然和谐共处，不强求什么，以此提高自己的境界。

◆ 《庄子》的主要内容和历史地位分别是什么？

《庄子》是道家学派的代表作，

其哲学思想传承并发展了老子。庄子以"自然为宗"，以绝对的精神自由为追求。他提倡无为而治，首创用虚构手法来彰显现实生活，有"诙谐小说之祖"的称号。

◆ 《荀子》这部经典著作都有哪些思想？

《荀子》这部经典著作对社会的不公正现象进行了深入分析，并提出解决办法，采取"礼""法"并用的方式，来让社会秩序得以稳定。他提出人并非天生良善，可能有恶，要通过教化和法律来慢慢修正。

◆ 我国第一部叙事详细的编年史著作是什么？

《左传》，传说它出自春秋末年鲁国史官左丘明之手，记录了东周前期二百多年间各国政治、经济、军事、文化等方面的重要事件和人物，是"春秋三传"之一。

◆ 《战国策》的主要内容是什么？

《战国策》是一部国别体史书，是对战国历史进行研究的重要著作，主要记录了战国时期谋臣极力劝说诸侯或进行辩论时的政治观点和纵横捭阖的故事，也记录了一些勇士不畏强权、勇敢斗争的行为。

◆ 我国第一部国别体史书是什么？

《国语》，这是一部围绕国别展开的历史文献资料，对春秋时期周王室和各诸侯国的历史进行了事无巨细的记录，不仅包括各国的政治倾轧、军事矛盾，还有文化等方面的沟通，是对当时那个时代的全面呈现。

◆ 《吕氏春秋》是谁编写的？

是战国时期秦国的相国吕不韦组织门客编写的，号称"一字千金"，也称《吕览》。

◆ 哪本书是我国第一部纪传体通史？

出自西汉史学家司马迁之手的《史记》是我国第一部纪传体通史，记录了从黄帝时期开始到汉武帝太初四年共三千多年的历史。

◆ 有"中国古代军事文献精华"之称的是哪部书？

《孙武兵法》，即《孙子兵法》，是现存历史最为悠久的军事理论著作，它对古代的军事战略、作战手法等进行了系统性阐述，有中国古代军事文献的精粹之称。

◆《太平御览》为何被称为中国古代的百科全书？

《太平御览》包罗万象，天文地理、人间故事、礼仪制度、民间传说等应有尽有。对于研究宋前历史、宗教、语言、文学来说，它都是珍贵的史实。

◆《汉书》的主要内容是什么？

《汉书》出自东汉班固之手，是一部纪传体断代史，记录了从公元前206年到公元23年的历史，包括一百篇作品，涵盖四部分，分别是纪、表、志和传。

◆《资治通鉴》是一本什么样的书？

《资治通鉴》是我国第一部编年体通史，共记录了1362年间的历史，上开始于周威烈王，下结束于五代后周世宗显德六年。这本书对这期间发生的重大事件进行了记录，也剖析了当时的政治、经济等各方面的制度。

◆《全唐诗》主要收录了哪些方面的诗？

《全唐诗》收录的唐诗多达四万八千多首，内容庞杂，有山水田园诗、边塞诗、爱情诗，还有友情诗等，集中体现了唐朝文学的兴盛，是对唐代历史和文化进行研究的宝库。

◆《莺莺传》

又名《会真记》，传奇小说，唐代元稹所著的一部传奇小说。该作品叙述了崔莺莺与张生之间由相爱、私合到最终被张生遗弃的情感历程。其文笔流畅，描绘细腻，尤其擅长在叙述中深入刻画人物性格及内心世界，成功塑造了崔莺莺这一鲜明角色。《西厢记》便是基于《会真记》的故事框架进行改编和拓展而成的戏剧作品，虽然在情节上有所创新和发展。

◆《西厢记》

这部作品是中国文学史上杰出的现实主义古典名著，作为元杂剧中唯一的鸿篇巨制，由王实甫依据董解元的《西厢记诸宫调》改编而成。其曲词绚烂雅致，充满诗意，是中国古典戏剧中现实主义的典范，对后世爱情题材的小说与戏剧创作产生了深远影响。

◆《赵氏孤儿》

杂剧剧本。由纪君祥创作，灵感源自《史记·赵世家》。剧本讲述了春秋时期，晋国武将屠岸贾为报私仇，屠杀了赵盾家族三百余人，并企图斩草除根，下令诛杀全国同龄婴儿。孤儿在程婴的保护下幸免于难。二十年后，孤儿成长为文武双全之士，经程婴揭示真相，终报家仇国恨。该剧深刻展现了忠奸对立，揭露了权奸的狠毒，颂扬了为正义牺牲自我的高尚情操，剧情悲壮，情感深沉，触动人心。

◆ 我国第一部文言纪实小说是什么？

《太平广记》，它不仅有历史悠久的史传、平常的笔记，还包括那时刚刚出现的小说和戏剧，时间跨度大，从汉代一直到宋初，因此被称为我国第一部文言纪实小说。

◆ 中国长篇章回体历史演义小说的开山之作是什么？

《三国演义》，书中描述了从东汉末年一直到西晋初年的悠久历史，围绕魏、蜀、三国的历史发展轨迹展开，反映了东汉末年朝廷腐败、军阀争战、百姓过着凄苦生活的惨状。

◆ 哪本书被称为中国古典小说的巅峰之作？

《红楼梦》(原名《石头记》)是封建社会的一部百科全书，是中国古典小说的巅峰之作。书中成功塑造了诸多生动形象的人物，最有名的当数贾宝玉、林黛玉、薛宝钗等人物。

◆ 中国首部用古白话文写作的歌颂农民起义的长篇章回体版块结构的小说是什么？

《水浒传》，主要围绕起义军积极反抗压迫、勇敢斗争的故事展开，揭露了北宋末年统治阶级的昏聩，揭示了当时一触即发的社会矛盾。

◆《西游记》的主要内容是什么？

《西游记》前七回描述孙悟空的横空出世，之后写唐僧师徒四人西天取经的故事。他们一路上降妖除魔，不畏艰险，最终取到了真经。这本书具有浓厚的中国佛教色彩，具有深刻的隐含意义。

◆《四库全书》为什么称为"四库"？

《四库全书》包括四大类别，

分别是经、史、子、集，因此有"四库"之称，它是由纪昀等360多位学者和官员共同编写完成的，耗时13年之久，抄写的人数更是多达3800多人。

◆ 被称为古典讽刺文学巅峰之作是什么？

《儒林外史》是中国古典讽刺文学的巅峰之作，是由清代的吴敬梓创作的，开创了小说讽喻现实的新局面。

◆ "三言两拍"中的"三言"和"二拍"分别指什么？

"三言"是指《喻世明言》《警世通言》《醒世恒言》，"二拍"是指《初刻拍案惊奇》《二刻拍案惊奇》，前者由冯梦龙编著，后者由凌濛初创作。

◆ "晚清四大谴责小说"包括哪几部作品，作者分别是谁？

"晚清四大谴责小说"包括《官场现形记》《二十年目睹之怪现状》《老残游记》和《孽海花》，作者分别是李宝嘉、吴沃尧、刘鹗和曾朴。

◆ 鲁迅先生的第一部小说集是什么？

鲁迅先生的第一部小说集是《呐喊》，一共有15篇。后鲁迅先生自己抽掉了《不周山》这篇历史小说，变成现在的14篇。这些小说集中体现了当时中国社会底层人民的不幸遭遇，将新文化运动的精神体现得淋漓尽致。

◆ 《子夜》的主要内容是什么？

茅盾的《子夜》这个书名原本就隐喻了小说的时代背景和思想内容，作者采取象征的表现手法，抓住吴荪甫这个主要人物身上所存在的冲突，对最黑暗的旧中国——1930年的上海进行了描绘，表达了作者对中国革命的必胜信心。

◆ 《家》的主要内容是什么？

巴金的《家》是"激流三部曲"之一，表现了高家新一代和老一代之间的矛盾冲突，描绘了一个封建大家庭随着时代的演变而逐渐没落、衰败的整个过程。

◆《边城》的主要内容是什么？

沈从文的《边城》对20世纪30年代湘西茶峒小城的风俗进行了刻画，描写了心善的渡船老人的孙女翠翠和船总顺顺的两个儿子之间的爱情故事，令人不胜唏嘘。

◆《女神》

郭沫若首部诗集于1921年8月面世，收录了诗人1918至1921年间的主要作品，共计五十四篇，分三辑。该内容勇于挑战传统观念，严厉批判社会阴暗面，洋溢着爱国情怀，深刻体现了"五四"时期反帝反封建的彻底革命精神，尤以《凤凰涅槃》篇章最为人熟知。郭沫若在创作中融合了中国古典诗歌的精髓与外国自由诗的形式，展现出浓烈的浪漫主义气息，风格磅礴而豪放，独树一帜，在中国现代文学史上占据重要地位。

文学名家

◆ 孔子有哪些成就？

孔子创立了儒家学派，曾修《诗》《书》，订《礼》《乐》，序《周易》，撰《春秋》。孔子收徒讲学，给三千多人授业解惑，其言行和思想被弟子及其再传弟子记录在册，编写成《论语》。

◆ 老子有哪些主张？

老子提倡"无为"，顺应自然，用"道"来阐释宇宙万物的发展变化过程、他认为所有事物都有正反两面，福和祸是相辅相成的，万物均为"有"和"无"的统一。

◆ 孟子为什么被称为"亚圣"？

孟子传承了孔子学说，被称为"亚圣"。他提倡仁政，强调"民贵君轻"，大力弘扬"性善论"。他晚年和学生一起"序《诗》《书》，述仲尼之意，作《孟子》七篇"。

◆ 墨子的主张是什么？

墨子创立了墨家学派，主张"兼爱""非攻""尚贤""节用"等，其核心是"兼爱"。墨学在当时社会上产生了很大影响，和儒学并称"显学"。

◆ 道家学派的代表人物是谁？

庄子是道家学派的代表人物，和道家始祖老子并称为"老庄"。庄子传承并发展了老子"道法自然"的思想，在思想学术界有"老庄哲学"之称。庄子提倡"天人合一"和"清静无为"的思想。

◆ 我国第一位伟大的爱国诗人是谁？

屈原是我国第一位伟大的爱国诗人，也是浪漫主义诗歌的鼻祖。他早年从政，后被小人陷害遭到流放，最后投入汨罗江自尽。他开创了楚辞新诗体（又称骚体），代表作有《离骚》《九章》《天问》《九歌》等。

◆ 先秦时期最后一位儒学大师是谁？

荀子，著有《荀子》三十二篇，其中流传最广的当属《劝学》《天论》。他提出人定胜天的思想，韩非、李斯都拜他为师。

◆ 法家学派的主要代表人物是谁？

韩非是法家学派的主要代表人物，他擅长"刑名法术之学"，主要作品为《韩非子》，提倡"不期修古，不法常可""事异则备变"，还提倡改革和实行法治，"废先王之教"。《孤愤》《五蠹》等是其比较知名的篇目。

◆ "竹林七贤"分别是哪几位？

三国魏正始年间，出现了七位才华横溢的文人，因为他们时常在河南焦作一带的竹林相聚，交谈甚欢，因此后人尊称他们为"竹林七贤"，分别是嵇康、阮籍、山涛、向秀、刘伶、王戎和阮咸。

◆ 有"北地三才"之称的是哪三位作家？

魏至北齐时期，温子升、邢邵、魏收三位北朝诗文作家的出现，代表着北朝文学开始觉醒，南北文学融合也据此拉开了序幕。因此，他们被称为"北地三才"。

为什么陶渊明有"田园诗鼻祖"之称?

陶渊明是一位杰出的诗人、辞赋家和散文家,田园诗派就是由他开创的,他的诗作大多是对田园生活的描绘,在艺术上取得了很高的成就,有"田园诗鼻祖"之称。

"初唐四杰"是指哪四位诗人?

从唐高宗到武后初年,中国诗坛升起四颗新星,分别是王勃、骆宾王、杨炯和卢照邻,并称"初唐四杰"。他们是初唐文坛上新旧转折时期的人物,是唐诗史上的改革先锋。

谁享有"五言长城"的称号?

刘长卿擅长写五言诗,在他的所有诗作中,五言诗作占到十分之七八的比例,因此有"五言长城"之称,即他人很难超越他。他的五绝,最有名的当属《逢雪宿芙蓉山主人》。

谁是唐代山水田园诗派的第一人?

孟浩然,人称"孟襄阳",是唐代知名的山水田园派诗人,也是唐代山水田园诗派的第一人。他是湖北襄阳人,由于他并未入朝做官,因此又有"孟山人"之称。

白居易、元稹是"新乐府运动"的开创者吗?

古乐府的作品都具有强烈的讽喻精神,可是六朝以来慢慢凋敝。唐代贞元、元和之际,白居易、元稹等诗人用乐府古诗之体,对当时的民间歌谣加以改进,发起"新乐府运动"。

除高适和岑参外,擅长写边塞诗的还有谁?

在唐代边塞诗人排行榜中,高适、岑参自然榜上有名。而王昌龄、王之涣、崔颢、卢纶、王翰等人也并不差,后人称呼王昌龄为"七绝圣手",他的七绝和李白的七绝并称"双璧"。

唐代的"饮中八仙"指的是哪几位?

"饮中八仙"指的是唐代喜欢饮酒的八位学者名人,又有"酒中八仙"或"醉八仙"之称,分别是李白、贺知章、李适之、汝阳王李琎、崔宗之、苏晋、张旭和焦遂。

有"七绝圣手"之称的是哪位诗人?

王昌龄,著名的边塞诗人,他的诗独树一帜,具有壮阔之美。王昌龄在边塞诗领域取得了颇高成就,有"边塞诗作的先驱"之称,后人赠予他"七绝圣手"和"诗家夫子王江宁"的美誉。

唐代"大历十才子"分别指谁?

"大历十才子"是指唐代大历年间的一个诗歌流派,代表人物是十位诗人,分别是李端、卢纶、吉中孚、韩翃、钱起、司空曙、苗发、崔洞(一作峒)、耿沣、夏侯审。他们都侧重于诗歌形式技巧。

"唐宋八大家"分别指谁?

唐宋年间,有八位非常有名的散文家,并称为"唐宋散文八大家",分别是韩愈、柳宗元、欧阳修、苏洵、苏轼、苏辙、王安石和曾巩。

李白为什么被称为"诗仙"?

李白留下了诸多传世之作,经典作品更是数不胜数,像《望庐山瀑布》《蜀道难》《将进酒》等。他的诗作具有极高的艺术水平,后人赠予他"诗仙"的称号。

杜甫为什么被称为"诗圣"?

杜甫有大量诗歌问世,且题材广泛,有描绘景物的,有记录游玩场景的,也有抒情达意的,等等。他在艺术上取得了极高的成就,后人尊称他为"诗圣",和李白并驾齐驱。

王维为什么被称为"诗佛"?

王维擅长创作五言诗,对禅理感悟颇深。此外,他还擅长诗、书、画、音乐等。他的诗作大多是对山水田园景致的描绘,和孟浩然并驾齐驱,有"诗佛"之称。

"小李杜"分别指谁?

唐代的诗人李商隐和杜牧,被后人并称为"小李杜"。李商隐的诗风格独树一帜,多在讨论社会现状。杜牧特别擅长七言律诗和绝句,咏史诗也好,写景抒情诗也好,都值得我们反复回味。

花间词派的鼻祖是谁?

生活在唐代晚期的温庭筠,他是唐代初年宰相温彦博的后代,他的诗和李商隐享有同等盛名,词的成就特别高,创立了"花间派"。

◆ "苏辛"是指哪两位诗人？

北宋词人苏轼，不仅是书法和绘画的高手，还是一位杰出的文学家。他的词多为豪放派，和南宋的辛弃疾并称为"苏辛"。

◆ 被称为"千古文章四大家"的是哪四个人？

有"千古文章四大家"之称的是韩愈、柳宗元、欧阳修和苏轼这四个人。

◆ 李清照为什么是婉约派的代表词人？

李清照的词大多是婉约风，因此她是婉约派的代表人物。她擅长用白描的创作手法，给人清新的感觉。她前期的作品大多表现的是闲适的生活，后期则是对身世的无限感慨。

◆ 宋代"中兴四大家"是指哪几位诗人？

南宋初期，有这样四位诗人，并称为"中兴四大家"，分别是尤袤、杨万里、范成大和陆游。其中，名头最响的当数杨万里和陆游。杨万里开创了清新自然的诚斋体。

常见文学意象

◆ 长亭为什么会成为送别之地的代称？

古代驿站会在沿路设置长亭，一般十里设一个，五里设一个短亭，以供游人短暂休息，或用来送别，因此"长亭"就成为送别之地的代称。

◆ 青山

古代诗歌中的"青山"常被赋予深邃旷达、雄浑持重及永恒不变的特质，成为文人寄托心灵、寻求慰藉的理想之境，深受文人墨客的青睐。

◆ 莲通常用来表达什么？

"莲"音同"怜"，常用来表达爱情。比如南朝乐府《西洲曲》："采莲南塘秋，莲花过人头。低头弄莲子，莲子清如水。"

◆ 云烟常用来比喻什么？

浮云常用来比喻漂泊在他乡的游子；烟通常用来象征情感的隐约、凄惨，前途的迷茫，理想的幻灭。

◆ 鹧鸪鸟极易引发人什么感情？

鹧鸪鸟的叫声听上去像"行不得也哥哥"，极易引发人旅途坎坷的想象和满满的离愁，像辛弃疾，在《菩萨蛮》中写道："江晚正愁余，山深闻鹧鸪。"

◆ 红叶用来代指什么？

红叶用来代指传情之物。后借指以诗传情。传说唐人卢渥捡到一片写有哀怨诗作的红叶，唐宣宗准许宫女嫁人时，卢渥所选中的宫女，正好就是在红叶上题诗的人。

◆ 芭蕉和什么联系紧密？

和芭蕉关联比较紧密的通常是孤单、忧伤、离愁别绪这样的情感。

◆ 古诗中常写的草木通常有什么寓意？

以草木繁盛反衬荒凉，抒发盛衰兴亡的感慨。

◆ 柳树常暗喻什么？

"柳"音同"留"，所以常用来暗喻离别，有依依惜别之意。又因为"杨柳"大多栽种在房前屋后，因此常用来象征故乡。柳絮纷飞不定，常被诗人当作排遣忧愁的道具。

◆ 燕子象征着什么？

燕子时常结伴而行，所以它常象征着爱情。又因为燕子对旧巢依依不舍，因此在古典诗词中，它又用来寄托时事变幻、人事变化的沧桑之感。

◆ 猿猴象征着什么？

猿猴的声音代表着哀痛、凄惨。比如郦道元就在《三峡》中写道："巴东三峡巫峡长，猿鸣三声泪沾裳。"

◆ 汗青是什么意思？

古代人们在竹简上写字，第一道程序就是用火烧竹简，让其变得干燥，就叫"杀青"。由于烘干时竹简会出汗，就像人流汗一样，因此又名"汗青"。

◆ **红豆象征着什么？**

红豆是南方的一种植物，又名"相思子"，在古代，它是爱情或相思的象征。王维在《相思》中写道："红豆生南国，春来发几枝；愿君多采撷，此物最相思。"

◆ **梦蝶用来比喻什么？**

梦蝶又名化蝶，源于战国时庄子做的一场梦，梦到自己变成了蝴蝶，后用来比喻做梦，也用来借指让人捉摸不定的事物和让人疑惑的梦幻。

◆ **青鸟常用来指代什么？**

传说西王母一共有三只青鸟，一只用来给汉武帝报信，另两只陪侍在西王母身边。后来就用青鸟来指代传信的人。

◆ **羌笛常用来表达什么？**

羌笛是古代西部的一种乐器，会发出凄凉之音，常用来表达思念之情。

◆ **钓鳌就是去河里钓鳌的意思吗？**

不是。在中国古代传说中，鳌鱼被视为无比巨大的鱼，能够钓到它，需要豪迈的气魄和远大的抱负。因此，"钓鳌"一词逐渐成了这种精神的象征。

◆ **琴瑟常用来比喻什么？**

琴瑟常用来比喻夫妻之间感情好，也可以用来比喻兄弟之间的情谊。

◆ **杜鹃象征着什么？**

杜鹃又名子规。传说蜀王杜宇死后灵魂化为杜鹃，杜鹃也因此象征着凄苦和哀痛。

◆ **乌鸦时常和什么联系在一起？**

乌鸦因为时常在坟头等荒僻之处出现，在过去的封建迷信说法中代表着不幸，常和凋敝衰败的事物相关联。

◆ **梧桐象征着什么？**

梧桐象征着哀伤凄婉，又喻示傲然独立、品行高洁。

◆ **鸿雁寄寓着什么？**

大雁在秋日回归，让游子也开始思念起家乡来，所以诗人时常借大雁来表达浓浓的乡愁，鸿雁也可以代指书信。

◆ **菊花代表着什么文化？**

菊花寓意清新脱俗、隐忍的道

德文化、高风亮节的君子作风、积极上进的自强精神。

◆ 蟋蟀时常和什么相联系？

蟋蟀的鸣声因为类似于织布机的声音，所以它常和促人纺织、准备御寒的衣物甚至怀念远征的亲人联系在一起。

◆ 古诗中寒蝉常代表什么？

秋后的蝉进入生命倒计时，下过一场秋雨后，便只剩下几声哀婉的鸣叫。所以，寒蝉就成为哀伤凄苦的同义词。

◆ 连理枝、比翼鸟常用来比喻什么？

连理枝是指枝干连在一起的两棵树。比翼鸟的雌鸟和雄鸟都是相伴而飞。在古典诗歌里，多用它们来比喻恩爱甜蜜的夫妻。

◆ 梅花为什么时常被诗人歌颂？

在刺骨的天气中，最早开放的花是梅花，它因不惧严寒、品性高洁，受到诗人的无限敬仰和歌颂。陆游就曾用梅花来比喻自己饱经摧残的不幸经历和高洁品行。

◆ "白衣苍狗"指的是穿着白色衣服的狗吗？

不是，它是指浮云像白衣裳，顷刻又变得像灰色的狗，比喻世事变幻无定。

文学体裁

◆ 古体诗是什么样的诗？

古体诗是指除楚辞以外的各种诗歌体裁。它的形式很宽泛，不讲究对仗、平仄、篇幅长短。有四言、五言、七言诗和杂言诗。

◆ 近体诗是什么样的诗？

近体诗又有今体诗之称，是形成于唐代的格律诗。不管是在字数、平仄，还是在句数、押韵、对仗等方面，近体诗要求都比较严格。近体诗分为三种，分别是律诗、绝句和排律。

◆ 山水诗是什么样的诗？

山水诗出现于晋代，兴起于南北朝，代表诗人是谢灵运、颜延之。齐梁之后，山水诗题材日益广泛，风格愈发多样。到了唐代，形成山水诗派，通过描绘山水景物，展现诗人独特的内心世界。

◆ 田园诗是什么样的诗？

田园诗是对农村自然风光、田园生活进行描绘的诗派，于东晋末年出现，陶渊明是其中的代表人物。田园诗通过对自然景物的吟咏，抒发某种特殊的情感，比如对官场的愤恨，对归隐田园后的怡然自得之情等。

◆ 边塞诗是什么样的诗？

边塞诗重在描写边塞的荒芜、将士们的艰苦，以及枕边人对他们的浓浓思念，弹奏出一曲曲激昂的悲歌，情调慷慨，表现了时人一心想要得到功名、施展远大抱负的夙愿。代表诗人有王昌龄、高适、岑参等。

◆ 宫体诗是什么样的诗？

宫体诗是指南朝梁代时旨在描写女性的诗派，相传南朝梁简文帝萧纲任太子期间，曾在宫中招募了一批诗人，专门写诗抒发男女之情，情意缠绵（qiān quǎn）。因为该诗体是由太子及其东宫僚属率先提倡，因此有宫体诗之称。

◆ 赋是一种什么样的文体？

赋于战国时期萌芽，在汉唐开始风靡，到宋、元、明、清则走向衰败。这种文体介于诗和文之间。通常情况下，赋是为文造情，重在叙事状物。司马相如是第一个用赋称呼自己作品的人。

◆ 词分为哪几种？

词最早出现在南朝，在唐代自成一体，在宋代开始风靡，又有曲子词、长短句、诗余之称。根据字数可分为小令、中调和长调。按段数的多少又可分为单词（一段）、双调（两段）、三叠（三段）、四叠（四段）。

◆ 诸宫调是一种什么样的文学形式？

诸宫调是宋、金、元时期的一种说唱体文学形式，它有说有唱，但重在唱。将同一宫调的诸多曲牌连在一起，形成短套，首尾一韵，再用不同宫调的诸多短套相连，形成长篇，夹杂说白，以对长篇故事进行说唱。

◆ **元杂剧经历了怎么样的发展历程？**

元杂剧由歌舞戏、歌舞、说唱、民间歌曲等艺术传统延伸而来。到了南宋，杂剧又在临安等地开始流行，并排在其他技艺的前列。元初至元大德年间，元杂剧发展兴旺，大都各地的杂剧演出都异常活跃，名家辈出。

◆ **汉赋、唐诗、宋词、元曲为什么被称为中国文学艺术百花园中的四株奇葩之一？**

在中国文学艺术百花园中，有这样四株奇葩，分别是汉赋、唐诗、宋词和元曲。元曲最早有"街市小令"之称，它的每一曲牌对格律都

有相应的要求，但可以在定格中加衬字，更加灵活，风格洒脱，糅合了传统诗词、民歌和方言。

◆ **小说经历了怎样的发展历程？**

小说最早是指琐碎的言谈，不同于现在的小说，直到汉代才自成一家。中国古代小说创作始于神话传说，先后经历了魏晋南北朝的志怪小说、唐代的传奇小说，以及宋元的话本小说，直到明清时期，才真正得以发展。

◆ **章回小说经历了怎样的发展历程？**

章回小说是我国古典长篇小说的主要形式，起源于宋元时期"讲史"话本。宋元时期，章回小说初见雏形。到了明代中期，章回小说的发展更加成熟。到清代出现《红楼梦》以后，章回小说发展至巅峰。

◆ **神魔小说是一种什么样的文学形式？**

神魔小说兴起于明代后期，它不同于讲究比较正统的历史演义、英雄传奇，以"奇幻"为主要特点，讲的都是神魔怪异，以实际生活中

的政治、伦理等多方面的斗争为参考，编织各种情节。

◆ 演义这种中国古代小说体裁是怎么发展起来的？

演义是在相应的时代背景下，基于史书和传说的材料，加一些细节进去，用章回体形式写成。演义源于宋代讲史话本，到了元末明初，开始称为"演义"。

◆ 散文这种文学体裁具有什么特点？

散文的特点是篇幅不长、形式无拘束、题材广、故事情节不用完整、不受韵律的制约，不仅能散开（形散），也有聚拢（神聚），不仅可叙事，也可抒情、议论、写景，还可以四者合并使用。

◆ 杂文是一种什么样的文学样式？

杂文是在散文的基础上，将外来随笔、小品文的特点汲取过来所形成的。其形式多样化，基本上都具有两种因素：一是评论，二是文艺，不仅逻辑严密，而且形象生动。

◆ 戏剧有什么特点？

广义的戏剧包括话剧、歌剧和戏曲。狭义的戏剧专指话剧，通常采用广义的概念。它通过音乐、舞蹈、文学等表现方式，通过演员在舞台上的表现，来塑造一定的舞台形象，展现现实主题，带给观众美的享受和启迪。

文学风格与流派

◆ 儒学为什么绵延不绝？

最根本的原因是，它以中国传统文化为基础，又可以随时顺应时代和社会的发展做出改变。譬如汉代，儒家提出"三纲五常"，为封建社会进行了明确的等级划分，建立了伦理体系。

◆ 建安文学的代表人物有哪些？

建安文学是出现于东汉建安（196—220）年间，以及前后一段时期的文学。主要代表作家有"三曹"和"建安七子"。三曹是指曹操、曹丕、曹植。建安七子是指孔融、陈琳、王粲、徐干、阮瑀、应玚和刘桢。

◆ 文学史上"建安风骨"有什么特点？

建安风骨是指汉魏之际曹魏父子、"建安七子"等人所创作的诗文所具有的爽朗俊逸的风格。他们传承了汉乐府民歌所具有的现实主义传统，大多采用五言形式，风骨遒劲，具有阳刚之气。

◆ 江西诗派以谁为中心？

江西诗派是以黄庭坚为中心所形成的诗歌流派。黄庭坚在北宋后期的诗坛上地位颇高，有很多人模仿他。

◆ 我国第一个词派是什么？

花间派是我国晚唐五代词派，也是我国第一个词派。其中的代表作家是温庭筠、韦庄。花间词人吟咏的主题基本上都是男女情事、离愁别绪，风格柔婉，和南朝齐、梁年间的"艳诗"有些类似。

◆ 婉约派是一种什么样的风格流派？

婉约派是宋词的一种风格流派。词史上早就有柔美的风调，譬如以晚唐五代《花间集》为代表的"香软"词风。到了北宋，从晏殊、柳永、李清照等人的词中，依然可见柔美的痕迹。

◆ 豪放派这种风格流派有什么特点？

豪放派的词作风格、创作手法、题材等完全不同于婉约派。这类词作大多具有开阔的视野、气势宏大，选材更倾向于军情、国事这样的重大题材，不拘格律，行文恣意。

◆ 清代文坛最大的散文流派是什么？

清代文坛最大的散文流派是桐城派。它最早可追溯到明末清初，方苞是桐城派文论系统和古文运动的鼻祖。之后，影响最大的当数刘大櫆和姚鼐。这三人被合称为"桐城派三祖"。

◆ 左联的全称是什么？

左联的全称是中国左翼作家联盟，它是在中国共产党领导下，经由鲁迅号召，由无产阶级革命作家所形成的组织。

◆ 文学研究会是什么时候出现的？

文学研究会出现于"五四"新文化运动时期，发起人是沈雁冰、郑振铎、许地山、周作人等12人。

◆ 语丝社是一个什么样的社团？

语丝社是五四新文化运动时出现的一个文学社团，其组成成员基本上都是参加了新文化运动的人，和为《新青年》撰稿的人，像钱玄同、周作人、孙伏园等。

◆ 太阳社是一个什么样的社团？

太阳社是出现于"五四"新文学运动时期的一个知名的文学社团，由蒋光慈、钱杏邨等人发起，有楼适夷、孟超、殷夫等人加入，出版了《太阳月刊》等。

◆ 鸳鸯蝴蝶派是一个什么样的文学流派？

鸳鸯蝴蝶派是在中国近代史上持续时间比较长的一个文学流派，其很多作品描写的都是像一对鸳鸯、一对蝴蝶一样的、令人艳羡的爱情故事，所以得名鸳鸯蝴蝶派。代表作品有张恨水的《金粉世家》等。

◆ 新月派是一个什么样的流派？

新月派是以资产阶级思想和利益为代表的文学、政治派别。主要成员有胡适、梁实秋、徐志摩、闻一多、沈从文等。

◆ 山药蛋派是一个什么样的文学流派？

山药蛋派是赵树理排在前列，有马烽、孙谦、胡正等作家紧随其后的山西作家群。他们基本上都是山西农村人，作品有浓烈的乡土气息。代表作品有《实干家潘永福》《灯芯绒》《冬日的夜晚》等。

第二篇
中国历史常识

　　中国历史，是一部波澜壮阔、跌宕起伏的史诗。从远古的蛮荒时代，到封建王朝的兴衰更替，再到近现代的沧桑巨变，每一个时期都留下了独特的印记。这片古老的土地上，孕育了灿烂的文明，见证了无数英雄豪杰的悲欢离合，也书写了中华民族不屈不挠、自强不息的传奇。中国历史常识，是我们了解过去、认识现在、展望未来的重要基石。它让我们深刻感受到中华文化的博大精深，也激励着我们为实现中华民族伟大复兴而努力奋斗。

中国古代史

◆ **我国最早的人类遗址在哪里?**

我国境内已知的最早人类遗址是 1965 年 5 月 1 日发现的云南省元谋县那蚌村附近的"元谋猿人"遗址。

◆ **氏族和部落的区别是什么?**

二者都是远古时代人们相互联系的一个整体,区别在于前者是由一定血缘关系联系起来的,后者的成员之间不一定有血缘关系。

◆ **"九五之尊"这个说法的由来是什么?**

"九五之尊"的由来有多种说法。一种认为源自《周易》乾卦,乾为天,九五爻辞"飞龙在天",象征帝王之相。另一种认为古代数字奇为阳,九为阳数最大,五居阳数之中,九又谐音"久",寓意长久,故用九五代称皇帝至高无上。二者均标榜皇权至上,后世沿用至今。

◆ **鼎为什么是中国的象征?**

九鼎之所以成为中国的象征,是因为大禹将天下划分为九州,并命人造九鼎以象征九州,使九鼎汇聚于夏都。自此,九州代表中国,而九鼎则代表至高无上的王权,成为夏、商、周三代的国家政权象征,寓意国家统一和王权集中。

◆ **中国历史上第一个朝代是哪个朝代?**

中国历史上第一个朝代是夏。它约始于公元前 2070 年,消亡于公元前 1600 年,由禹建立,历经 17

位君主，最后一位君王是桀。夏因夏桀的昏庸无道而逐渐衰落，最终覆灭于商汤之手，标志着中国历史上的一个重要阶段。

◆ 历史上的"三皇五帝"指的是谁？

中国古书上，三皇是指伏羲、女娲、神农，五帝是指太昊、炎帝、黄帝、少昊、颛顼。

◆ 中国历史上一共有多少个皇帝？

从秦始皇开始算起，中国共有408位皇帝。如果将秦始皇以前的王、公、侯也算入皇帝之列，总数应为829位。这些皇帝分别来自中国历史上的83个王朝，历经2132年，体现了中国历史的丰富与多元。

◆ 古代的"禅让"是怎样的制度？

古代的"禅让"是中国古代部落联盟首领的传袭制度，以传贤为宗旨，尧传位于舜，舜传位于禹。历史上确实实行过这个制度，司马迁的《史记·五帝本纪》中有相关记载。但禹传位给自己的儿子启后，禅让制被家天下的世袭制所取代。

◆ 改元和改朝换代是一回事吗？

改元和改朝换代不是一回事。改元是指皇帝即位时或在位期间改变年号，同一朝代的不同皇帝或同一皇帝也可进行多次改元。而改朝换代则意味着一个旧王朝的灭亡和新王朝的建立，同时伴随着年号的改变。明代以后，通常一帝一元，因此可以用年号来称呼皇帝。

◆ 古代封禅大典是一种什么样的仪式？

古代封禅大典是帝王在太平盛世或天降祥瑞时祭祀天地的大型典礼，"封"为祭天，在山顶筑圆坛，"禅"为祭地，在山脚小丘筑方坛。封禅地点曾选在嵩山、泰山等，以泰山封禅最为著名。封禅反映了古人"天圆地方"的自然观念及"天人感应"学说。

◆ 夏朝的法律是什么？

夏朝时期，我国已经有了体现统治阶级意愿的法律制度，据记载，"夏有乱政，而作禹刑"。但实际上，禹刑并非禹本人所创，而是其后代——夏朝的君王为了缅怀先祖，以禹之名来命名他们所制定的法律。

◆ 最早的货币是什么？

考古发现，早在夏朝时期，贝

壳可能就充当了货币，因为它易于收藏和计数，十分坚固耐用，而且体积小，便于携带和保存。

◆ 世界上迄今出土最大、最重的青铜器是什么？

在河南安阳出土的后母戊鼎，它是商王祖庚或祖甲祭祀母亲戊而做的祭器。

◆ 武王伐纣是什么时候发生的？

武王伐纣发生在商朝末期，具体时间是在周武王即位之后，趁着商朝平定东南方诸侯之乱，周武王趁机攻打商朝，并在牧野之战中取得胜利，导致商朝灭亡，周朝随之崛起，定都镐京，开启了历史上的西周时期。

◆ 盘庚迁都的目的是什么？

盘庚迁都的目的是巩固商朝的统治并扭转当时的政治局面。在商朝经历数次动荡和政治权力中心多次变更后，盘庚上台决定迁都至殷，以强化中央集权，稳定社会秩序，为商朝的长期发展奠定基础。

◆ 有史以来第一次奴隶起义是什么？

据《史记》记载，公元前841年发生的"国人暴动"，是有史以来的第一次"奴隶起义"，它动摇了西周王朝的统治。

◆ 西周灭亡的标志性事件是什么？

西周灭亡的原因是周幽王的昏庸无道。他独宠褒姒，废掉了太子和王后，导致朝廷动荡。后来，太子联合势力反叛，杀掉周幽王并自立为王，这一事件标志着西周的灭亡，中国历史由此进入了东周时期。

◆ 长勺之战发生在什么时候？

长勺之战是春秋时期齐国与鲁国的一场战役，发生于公元前684年。鲁国以少胜多，通过曹刿的智谋，三次击鼓后发起反击，最终击败齐国军队。此战成为鲁国振奋国势的关键之战，也体现了后发制人的战略思想。

◆ "泓水之战"具体是怎样的？

泓水之战是公元前638年宋楚两国争霸的战斗。宋军将领公孙固建议宋襄公趁楚军渡河和列阵未稳时攻击，但宋襄公坚持"仁义"，拒绝偷袭。最终，宋襄公率军冲入楚阵，却被围困，公孙固前去救援，发现宋襄公已被重重包围，身陷险境。

◆ 城濮之战是什么时候发生的？

城濮之战发生在公元前632年，是春秋时期晋、楚两国之间为争夺中原霸权而进行的一场重要战役。在这场战役中，晋文公遵守了先前的承诺，让晋军退避三舍，而楚军统帅子玉未听从楚成王的劝诫，执意进攻，最终楚军大败。

◆ 勾践"卧薪尝胆"是真实存在的事件吗？

勾践"卧薪尝胆"的故事中，"尝胆"是真实的历史，有明确的记载。而"卧薪"则缺乏足够的历史依据，可能是在后世的传颂中被加入的元素，用以强调勾践所受的苦难和他坚忍不拔的精神。但总体来说，"卧薪尝胆"已经成为形容人刻苦自励的著名典故。

◆ 春秋五霸

春秋时期，随着周平王东迁后王权衰微，诸侯国陷入纷争，西周初的"八百诸侯"缩减至百余个，部分小国依附于大国。在激烈的兼并战争中，五个诸侯国凭借实力崛起并先后称霸，他们分别是齐桓公、宋襄公、晋文公、秦穆公、楚庄王（另有说法包括吴王阖闾与越王勾践）。这些霸主通过召开诸侯会议，确立其领导地位，主导了当时的局势。

◆ 三家分晋

战国初期，晋国经历了韩、赵、魏三家分割的事件。自春秋争霸以来，晋国异姓卿大夫逐渐掌控军权，至春秋中期，政权落于范、中行、知、韩、赵、魏六卿之手，形成卿大夫专政。因国君昏聩，民众多依附六卿，六卿间亦斗争激烈。公元前490年，赵氏击败范氏、中行氏，晋国政权转由知、赵、韩、魏四家主导。至公元前453年，赵、魏、韩三家联手消灭知氏，瓜分晋国大片领土，国君仅保留绛与曲沃两地。

最终，公元前403年，周威烈王正式册封韩、赵、魏为诸侯，晋国名存实亡，此即"三家分晋"。

战国七雄

战国七雄包括齐、楚、燕、韩、赵、魏、秦。晋国在"春秋五霸"时期后，于公元前453年因三家分晋事件被分裂为韩、赵、魏三国，即"三晋"。其中，魏国在魏文侯任用李悝变法后一度强盛，但经历桂陵之战与秦国的交锋后逐渐衰落。韩国在三晋中最弱，仅在韩昭侯任用申不害改革期间有所增强。赵国在赵武灵王推行"胡服骑射"后军力大增，成为强国，然而长平之战的惨败使其元气大伤。燕国相对较弱，但在燕昭王时期，乐毅领军联合诸侯击败齐国，短暂成为北方强国。齐国在齐威王时期法治兴盛，借孙膑与田忌之力击败魏国，但齐湣王时遭遇燕军重创，元气受损。楚国曾与齐结盟反秦，后被秦国张仪的连横策略所破，丹阳之战大败，首都郢被秦占领，从此难以与秦抗衡。秦国原本落后，但秦孝公时商鞅两次变法，使秦国迅速崛起，最终于公元前221年统一六国。

"合纵连横"是指什么？

合纵连横是指战国时期的一种外交和军事政策。合纵指的是东方六国南北联合，共同对抗西方的秦国；连横则是秦国采用的一种策略，通过结交和拉拢各个诸侯国，使其与秦国站在同一战线，形成东西方向的联合，以对抗其他诸侯国的合纵之势。

商鞅变法发生在什么时候？

商鞅变法发生在公元前359年，是商鞅在秦国进行的一系列政治、经济和军事改革。作为先秦时期法家的代表人物，商鞅通过潜心钻研刑名法术，成功实施了两次变法，使秦国逐渐走向繁荣富强，为后来的统一六国打下了坚实的基础。

赵武灵王的下场是怎样的？

赵武灵王因废长立幼引发国内动乱，后转而宠爱长子，态度不明朗，导致公子赵章作乱。他收留长子后，被已掌权的次子围困于沙丘宫，断食三月余后饿死。一代英主以悲惨结局告终。

◆ 秦灭六国的顺序是什么？

秦用十年时间灭了六国。秦王嬴政上位后紧握权力，自公元前230年起，历经十年，相继灭掉了韩、赵、魏、楚、燕、齐六个国家，完成了全国的统一大业。这一历史事件标志着中国历史上第一个大一统王朝——秦朝的建立。

◆ "焚书坑儒"都毁掉了哪些书？

"焚书坑儒"事件中被烧毁的书不计其数，主要是除《秦纪》之外的其他六国史书，除博士官收藏的《诗》、《书》、百家语。

◆ 郑国渠修建于什么时候？

公元前246年，秦王嬴政采纳韩国人郑国的建议，让其主持修建郑国渠，这是一条大型的灌溉渠。郑国渠修成之后，大大改变了关中平原的农业生产面貌。

◆ 中国历史上第一次农民起义是谁领导的？

由陈胜和吴广领导的。公元前209年，陈胜、吴广被征发到渔阳戍边时，遇雨误期，按秦律误期当斩，于是他们揭竿而起，在大泽乡起义，这是中国历史上第一次大规模的农民起义。

◆ 巨鹿之战有什么意义？

巨鹿之战是中国历史上一次著名的战役，发生在公元前209年。此战役对于秦王朝的灭亡具有决定性的影响，四十万秦军在此战中被起义联军击败，导致秦王朝失去最后的兵力支持，加速了其灭亡进程。

◆ 鸿门宴是什么？

鸿门宴是秦朝末年项羽设宴欲诛杀刘邦的历史事件。刘邦先入关中，项羽大怒，设宴于鸿门（今陕西西安临潼附近），欲借机除之。宴上，刘邦巧妙周旋，在项伯、樊哙等人帮助下，最终安然逃脱。项羽未能如愿，范增怒而破斗。鸿门宴成为楚汉相争的重要转折点。

◆ "文景之治"具体是指什么？

"文景之治"指的是汉文帝与汉景帝两位皇帝在位的时期（公元前179年至公元前141年），是西汉初期的一个重要阶段。该时期两位皇帝采取了休养生息的政策，减轻了人民的负担，改革了刑法，从而使得社会政治稳定，经济得到了显著发展。

◆ 萧规曹随是什么典故？

萧何是西汉的第一任丞相，他制定了汉朝的法律和规章制度。萧何死后，曹参继任为丞相，他继续遵循萧何制定的规章制度，没有进行任何变更。这种继任者沿用前任政策的做法，被后人称为"萧规曹随"。

◆ 吴楚七国之乱是怎么发生的？

"吴楚七国之乱"是西汉景帝时期发生的一场大规模同姓王国叛乱，由吴王等七位同姓王联合发动，旨在反抗中央集权的削藩政策。经过武力镇压，叛乱最终被平息，对西汉王朝的政治格局产生了深远影响。

◆ "封狼居胥"是什么意思？

"封狼居胥"指西汉大将霍去病登狼居胥山筑坛祭天以告成功之事，后来封狼居胥成为汉族武将的最高荣誉之一。狼居胥，今蒙古国境内肯特山，霍去病漠北之战中，封狼居胥山，禅于姑衍，登临瀚海

（今贝加尔湖）。

◆ 王昭君为什么被称为明妃？

王昭君并未被汉元帝封为"妃"，但在后世被称为"明妃"，原因是晋朝为避讳皇帝司马昭之名，将王昭君称为"明君"，进而演化成"明妃"。

◆ 光武中兴是指什么？

"光武中兴"是指汉光武帝刘秀统一全国后，实施的一系列改革措施所带来的国家稳定和经济发展时期。这些改革包括精简地方机构、惩治贪官污吏、减轻赋税负担、释放奴婢等，使东汉政局得以稳定，经济迅速发展，成为历史上一个繁荣的时期。

◆ 黄巾军起义的领袖是谁？

黄巾军起义发生在公元 184 年，是东汉末年的一次大规模农民起义。由太平道首领张角发起，因起义军头扎黄巾而得名。尽管起义规模空前，但由于组织不够严密，最终遭到东汉朝廷的镇压，以失败告终。

◆ "成也萧何，败也萧何"这句话是怎么来的？

"成也萧何，败也萧何"这句话

源于宋朝洪迈的《容斋续笔·萧何给韩信》，意指韩信的成功与失败都源于萧何。萧何推荐韩信为大将军，是"成"；后又与吕后合谋骗韩信入宫被杀害，是"败"。这个典故现在用来比喻事情的成功和失败都是由同一个人或同一因素造成的。

◆ 官渡之战发生在什么时候，交战双方是谁？

官渡之战发生在东汉末年，交战双方是曹操和袁绍。公元200年，曹操在官渡（今河南中牟东北）一带施计并成功打败袁绍，奠定了其统一中国北方的基础。

◆ 赤壁之战发生在哪一年？

赤壁之战发生在公元208年，是东汉末年的一场关键战役。当时，刘备在长坂坡战败后，与东吴结盟共同抗击曹操。孙刘联军在赤壁（今湖北省赤壁市西北）一带与曹军激战，最终采用火攻方式大败曹军，奠定了三国鼎立的基础。

◆ 什么是"三国鼎立"？

三国鼎立是指中国东汉末年形成的魏、蜀、吴三个国家并立的局面。曹操去世后，其子曹丕建立魏国；刘备建立蜀国，自称汉中王；孙权则割据江东建立吴国。三国之间互相牵制，形成了长期的对峙态势。

◆ 两晋的创建和灭亡分别是什么时候？

两晋的创建和灭亡时间分别是：西晋于公元265年由司马炎创建，于公元280年一统中国，后于公元316年被匈奴刘氏所灭；东晋则由琅琊王司马睿于公元317年建立，最终在公元420年被大臣刘裕篡位灭亡。

◆ "八王之乱"指的是什么？

晋惠帝时，外戚杨骏辅政，皇后贾南风杀杨骏后掌控大权，接着诛杀司马亮和卫瓘，又杀太子司马通。此后，司马伦杀贾后自立。最终，司马冏和司马颙等人起兵讨伐司马伦，这一系列由皇室诸王之间的争权引发的内乱，史称"八王之乱"。

◆ "王与马，共天下"是什么意思？

东晋时期琅琊王氏家族与当时皇室司马氏力量势均力敌，甚至有过之，当时百姓称之为"王与马，共天下"。

◆ "五胡十六国"持续了多久？

"五胡十六国"是指在中国东晋时期，由匈奴、鲜卑、羯、氐、羌5个少数民族建立的16个割据政权，具体包括前赵、后赵、前秦、后秦等15个政权，以及氐族建立的成汉政权。这些政权在北方地区相互攻伐，历时一百多年，共同构成了"五胡十六国"的局面。

◆ 淝水之战发生在哪一年？

淝水之战发生在公元383年。这是一场前秦与东晋之间的关键战役，前秦意图吞并东晋，双方大军在淝水展开激战。战役的结果出人意料，东晋以仅八万的兵力，成功击败了前秦多达八十多万大军，成为历史上著名的以少胜多的战役之一。

◆ 南朝具体有哪四个朝代？

分别是宋、齐、梁、陈。公元420年，刘裕推翻东晋，建立刘宋政权，开启了南朝时代。此后，萧道成在479年建立南齐，萧衍在502年建立梁朝，陈霸先在557年建立陈朝。这四个朝代共同构成了中国历史上的南朝时期。

◆《千字文》是怎么来的？

南朝梁武帝萧衍为了教诸王书法，让人从王羲之的作品中拓出了一千个不重复的字，这些字每个都单独写在一张纸上，没有次序。然后，他把这些拓片交给周兴嗣，命其整理成一篇有内容的韵文。周兴嗣接到任务后，苦思冥想了一整夜，终于将这一千字串联成了一篇内涵丰富、对仗工整的四言韵书。这就是后来流传至今的《千字文》。

◆ 北朝具体有哪五个朝代？

北朝包括北魏、东魏、西魏、北齐和北周五个朝代。公元439年，北魏太武帝统一北方，开启北朝。535年，北魏分裂为东魏和西魏。

550 年，东魏被高欢之子高洋建立的北齐取代。557 年，西魏被宇文觉建立的北周取代。

◆ 北魏孝文帝迁都发生在什么时候？

孝文帝迁都指的是北魏孝文帝发动的迁都行动，正式完成于太和十八年（公元 494 年），迁都的目的地是洛阳。

◆ 隋朝是由谁建立的？

隋朝是由杨坚建立的。杨坚的父亲杨忠在西魏和北周位高权重，杨坚袭爵后，因女儿成为北周宣帝皇后而掌握大权。在八岁的北周静帝上台后，杨坚把控朝政。公元 581 年，他接受静帝禅让，正式建立隋朝。

◆ 隋炀帝一共几征高句丽？

隋炀帝三征高句丽，分别是在公元 612 年、613 年和 614 年。在这三年里，隋朝对东北边境的高句丽发起了三次征战，这三次征战都未能取得预期的成效。后来，高句丽与隋朝达成了协议，结束了这一系列的战争。

◆ 唐朝是哪一年建立的？

唐朝建立于公元 618 年。在这一年，隋炀帝被杀，隋朝末年的农民起义风起云涌，李渊也顺势而起，攻入长安后先拥立杨侑为帝，后逼迫杨侑禅让，自己登上皇位，正式建立了唐朝，开启了中国历史上一个辉煌的朝代。

◆ "玄武门之变"为什么会发生？

唐朝建立后，李渊立长子李建成为太子，但次子李世民威望高且有夺位之意。于是，李建成联合李元吉密谋杀害李世民，然而计划被李世民提前得知，并在玄武门设伏，最终杀死了李建成和李元吉。

◆ 什么是贞观之治？

贞观之治是指在唐太宗李世民统治时期（贞观年间），通过推行一系列政治、经济、文化等方面的改革举措，使得唐朝的统治得以巩固，经济得到发展，文化繁荣，社会安定，人民安居乐业，形成了历史上著名的太平盛世局面。

什么是开元盛世？

开元盛世是指唐玄宗李隆基在公元712年登基后，通过实施一系列在政治、农业、宗教等领域的有效改革，使唐朝社会的发展达到了一个前所未有的高度，经济繁荣，文化昌盛，政治清明，社会安定，这一时期因此被称为"开元盛世"。

武则天是中国唯一的女皇帝吗？

根据材料，史学界一般认为武则天是中国历史上唯一的女皇帝，但也存在争议。有人认为中国最早的女皇帝是北魏孝明帝的女儿元姑娘，不过元姑娘即位是胡太后一手包办且很快被废。此外，唐高宗时期的民间义军领袖陈硕贞也曾自称"文佳皇帝"，但她们的统治均未得到普遍承认。

安史之乱持续了多久？

安史之乱发生在唐玄宗统治后期，具体时间是在755年，因节度使安禄山起兵反叛而爆发。这场叛乱在公元756年安禄山称帝后达到高潮，并持续了八年之久。

唐末农民起义

9世纪中后期，唐朝面临严重的农民起义挑战。由于统治腐败、土地高度集中以及自然灾害频发，农民生活陷入绝境，终于引发了大规模的反抗。875年，王仙芝在长垣率先起义，迅速集结起万人队伍。随后，黄巢在冤句（今山东菏泽北）响应，两支力量合并，势力大增，在中原地区多次击败官军。

面对起义的蔓延，唐朝政府尝试招安策略，但黄巢坚决拒绝，招安计划破产。次年，王仙芝牺牲，黄巢接过领导权，继续战斗。起义军采用灵活机动的战术，南渡长江，接连攻克杭州、福州、广州等地，迅速掌控了五岭以南的大片区域。

879年，起义军在北上途中于荆门遭遇沙陀兵伏击，遭受重创。之后，起义军东进长江，经过调整与补给，力量恢复，随后北渡淮河，向西挺进。880年，起义军成功攻占洛阳和长安，迫使唐朝统治者逃离至四川。同年末，黄巢在长安称帝，建立大齐政权。

然而，由于起义军长期流动作战，补给困难，未能追击逃遁的唐朝统治者。881 年，唐军开始反攻，双方陷入拉锯战。883 年，黄巢被迫撤离长安。起义军在黄河流域继续与官军激战，直至 884 年，黄巢在山东莱芜的狼虎谷战死，标志着这场农民起义的最终失败。

◆ 五代十国包括哪些政权？

五代十国包括五个在黄河流域相继出现的朝代后梁、后唐、后晋、后汉和后周，以及同时在南方存在的十个政权南楚、南吴、南唐、吴越、前蜀、后蜀、南江、南平、闽国、北汉。这一历史时期以政权更迭频繁和分裂割据为特点。

◆ 北宋是谁建立的？

北宋建立于公元 960 年。在这一年，后周恭帝已将兵权交给赵匡胤。赵匡胤被派往边境后，在陈桥驿发动兵变，披上黄袍并被拥立为帝。随后，他回到开封，强迫周恭帝禅让皇位，自己登基称帝，改国号为"宋"，开启了北宋的历史。

◆ 金匮之盟是什么？

"金匮之盟"是指宋朝初期，杜太后临终时召赵普入宫，要求他记录自己的遗命。杜太后认为宋朝之所以能取代后周，是因为后周传位幼子导致国疑，因此要求太祖传位于其弟赵光义，以确保国有长君，维护社稷稳定。赵普将遗命写为誓书，藏于金匮之中，但此盟的真实性已难以考证。

◆ 什么是澶渊之盟？

澶渊之盟是指公元 1004 年秋，辽国军队抵达北宋军事重镇澶渊，双方发生军事对峙。在宰相寇准的鼓舞下，北宋士气大振，占据优势。最终，辽国派使者求和，双方达成协议，结束了这场战争，这一历史事件被称为"澶渊之盟"。

◆ 庆历新政是谁推行的？

庆历新政是指北宋仁宗时期，国家实力薄弱，公元 1043 年，范仲淹为了改变这一现状而推行的一系列改革举措。由于这些改革发生在庆历年间，因此被称为"庆历新政"。遗憾的是，这次新政仅推行了一年多就因各种原因而失败了。

◆ 王安石变法为什么失败了？

王安石变法失败的原因在于，尽管其从政治、经济、文化等多方面提出了改革举措，并取得了一定效果，但这些新法与特权阶级的利益产生了严重冲突，导致新法难以得到切实执行，最终因特权阶级的反对而被废止。

◆ 靖康之变和北宋灭亡有什么关系？

靖康之变是指公元 1127 年，金军南下攻陷北宋首都东京汴梁（今开封），俘虏了宋徽宗、宋钦宗以及皇室成员、后宫、朝臣等三千余人，并掠夺了东京汴梁公私财物，导致北宋灭亡的历史事件。这一事件标志着北宋的终结和南宋的开始。

◆ 最早的纸币是什么？

世界上最早的纸币出现于北宋前期的四川地区。北宋的纸币有交子、钱引和小钞三种。

◆ 元朝是哪一年建立的？

元朝是在公元 1259 年蒙古大汗蒙哥去世后，由忽必烈在汗位竞争中获胜并于 1260 年即位为大汗的基础上建立的。同时期，阿里不哥也称汗，但最终归顺忽必烈。忽必烈随后改国号为大元，标志着元朝的正式建立。

◆ 红巾军大起义

元末时期，社会矛盾激化，至正十一年（1351 年），刘福通在颍州利用白莲教发起农民起义，其军队因头裹红巾被称为红巾军。随后，芝麻李、赵均用等人攻占徐州，郭子兴攻占濠州，均归入刘福通领导的北方红巾军体系。同年八月，彭莹玉、徐寿辉在南方发起起义，建立"天完"政权，引领南方红巾军运动。此外，方国珍在台州黄岩、张士诚在泰州各自起兵，但独立于红巾军系统之外。1352 年，彭莹玉牺牲，徐寿辉于 1360 年被部将杀害，南方红巾军逐渐衰落。1355 年，刘福通在亳州建立北方红巾军政权，立韩林儿为帝，号"小明王"，并多次尝试北伐，均未成功。1363 年，张士诚突袭安丰，刘福通战死，北方红巾军失败。郭子兴领导的另一支义军，在其逝世后由朱元璋接管。

◆ 明朝的开国皇帝是谁？

朱元璋。他加入红巾军后，实力逐渐壮大。1364年，他打败陈友谅，自称吴王。随后，他派大军北伐，推翻元朝统治。1368年，朱元璋在应天（今南京）登基称帝，国号大明，标志着明朝的正式建立。

◆ 靖难之役是什么意思？

靖难之役是指明朝建文帝朱允炆削藩时，燕王朱棣起兵反抗的一场政变。朱棣早有准备，在建文帝的削藩行动触及他的利益后，他立即起兵，指挥大军南下，经过激战最终夺得皇位，这场战争因此被称为"靖难之役"。

◆ 永乐迁都

明成祖朱棣迁都北京是明朝历史上的重要事件。朱元璋初定都南京，而朱棣作为燕王，封地位于北平。他通过"靖难之役"夺取皇位后，即宣布北平为北京，并设立行在六部处理朝政。鉴于北京是朱棣的崛起之地，且曾是辽、金、元的都城，地理位置利于掌控全国，他决定迁都。为此，朱棣下令疏通京杭大运河，并从江浙、山西迁移大量民众充实北京。永乐四年（1406年），他下令建造北京宫殿并改造北京城，动用大量工匠和民工，历经多年，至永乐十八年完成。期间，朱棣多次北巡并长期驻跸北京，使其逐渐成为实际政治中心。最终，在永乐十九年（1421年）正月，明朝正式迁都北京。

◆ 土木堡之变

明英宗朱祁镇在正统十四年（1449年）于土木堡（今河北怀来）被瓦剌军俘虏的事件，是明朝历史上的重大事件。当时，蒙古瓦剌部崛起并统一各部，频繁侵扰明朝边境。瓦剌首领也先借口挑衅，于正统十四年亲率大军分四路入侵。明英宗在宦官王振的鼓动下决定亲征，仓促调动50万大军出征。明军抵达大同后士气低落，王振冒险轻进，后因个人私欲改变行军路线，导致大军被瓦剌军紧追不舍。最终，明军在土木堡被围困，因饥渴疲劳而陷入困境。瓦剌军诈退后，王振中计下令移营，被瓦剌军趁机攻击，明军损失惨重，英宗被俘，王振被杀。次年，英宗被释放回朝。

李自成起义发生在什么时候？

明朝天启、崇祯年间，陕北连年旱荒，农民起义频发。李自成勇猛有识，大约在崇祯二年（1629 年）加入起义军，提出"均田免赋"等口号，深得民心，部队壮大至百万。

北京保卫战

明朝正统十四年（1449 年），"土木堡之变"导致明英宗被蒙古瓦剌军俘虏，京城陷入危机。面对瓦剌军的进犯威胁，朝中大臣意见分歧，但于谦、王直、陈循等人坚持抗战。随后，郕王朱祁钰监国并决定抗战，任命于谦为兵部尚书，负责守卫北京。朱祁钰即位为景帝后，于谦迅速整顿军备。瓦剌首领也先率大军进犯北京，于谦则指挥 22 万大军在九门外列阵，展现死战决心。经过五天的激烈战斗，包括德胜门外的大胜，瓦剌军未能破城，士气受挫。同时，天气严寒及明朝可能的援军威胁，迫使瓦剌军于十五日夜撤退。

期间，也先携带明英宗先行撤离，于谦命部将炮轰瓦剌军营，造成重大伤亡。至十一月初八日，瓦剌军完全撤出塞外，北京之围得解。

清朝建立于哪一年？

清朝建立于公元 1636 年。在这一年，皇太极将原后金的国号改为"清"，标志着清朝的正式建立。清朝是中国历史上第二个由少数民族（满族）建立的全国性政权，也是中国封建帝制的最后一个王朝，对中国的历史、文化和社会发展产生了深远的影响。

顺治帝福临

清朝入关后的首位皇帝，为皇太极第九子。他于崇德八年（1643 年）在沈阳即位，年仅 6 岁，由多尔衮和济尔哈朗辅政。次年，多尔衮率军入关，占领北京，福临随后诏告全国，正式统治。顺治八年，他开始亲政，掌握正黄、镶黄、正白三旗，并限制八旗贵族的权力。他颁布了《大清律》，镇压抗清势力，同时采取"抚"重于"剿"的策略，实行怀柔政策。在他的治理下，农业生产逐渐恢复，吏治得到整顿，汉官的作用得到发挥。顺治帝在推行汉化方面有其父辈所不及之处，对后代也产生了影响。他于顺治十八年（1661 年）去世，葬于孝陵（今河北遵化清东陵）。

◆ 尼布楚条约

1689 年 9 月 7 日，中俄两国在尼布楚签署了《尼布楚条约》，该条约是在雅克萨之战后，经过两个多月的协商达成的。为了尽早确定国界，清廷在谈判中作出了重大让步，同意将尼布楚划归俄国。条约主要内容包括：一、中俄双方以格尔必齐河、大兴安岭和额尔古纳河为界，要求俄国人将其在中国境内建造的房屋移至俄国；二、拆除雅克萨城，并命令俄国人撤回本国；三、双方猎户不得越界捕猎或偷盗；四、允许有合法手续的两国人民进行贸易往来；五、条约签订前，双方留在对方境内的人员可继续留居，但条约签订后，逃亡者必须被引渡回原国，不得收留。该条约的签署，从法律层面明确了中俄东段边界，确保了该边境地区长达 160 多年的和平稳定。

◆ 三藩之乱是如何平息的？

三藩之乱是通过康熙帝的"打击首恶，剿抚兼施"策略平息的。他首先集中力量打击吴三桂这个首恶，同时对其他叛军将领如耿精忠、尚之信等采取招抚政策，最终成功降服了这些叛军，吴三桂也在不久后去世，三藩之乱得以平息。

◆ 郑成功收复台湾发生在什么时候？

郑成功收复台湾发生在公元1661年至 1662 年。公元 1661 年（清朝顺治十八年，南明永历十五年）三月，郑成功亲率 2.5 万名兵将，分乘百艘战船，从金门出发，成功驱逐窃取台湾的荷兰殖民者，于 1662 年年初收复宝岛台湾。

◆ 军机处是做什么的？

军机处的职责主要是掌书谕旨，参赞军国机务，处理奏折，议大政并提出处理意见，参与重大案件审理，以及对重要官员的任免和考核等。它是皇帝集权的工具，是皇权的执行机关，而非正式的中央行政机关。

◆ 虎门销烟

1839 年 3 月，林则徐被派遣至广州，负责查禁鸦片。在民众的支持下，他加强了海防，严厉打击烟贩，并要求外国鸦片贩子限期缴出鸦片。经过斗争，英、美等国的鸦片贩子最终缴出了约 237 万余斤的鸦片。从 6 月 3 日至 25 日，林则徐在虎门海滩亲自监督，将全部鸦片当众销毁。这一事件标志着中国人民禁烟斗争的伟大胜利。

◆ 什么是闭关锁国？

闭关锁国是一种国家政策，指国家封闭关口，不与外国往来，严格限制对外经济、文化、科学等方面的交流。这种政策通常导致国家发展滞后，因为它阻断了与外界的交流和合作。

中国近代史

◆ 第一次鸦片战争发生在什么时候？

第一次鸦片战争始于 1840 年，英国为打开中国市场、扭转贸易逆差，以林则徐虎门销烟为借口，派遣"东方远征军"发动侵略战争。战争以清政府战败告终，双方在天津大沽口谈判后签订《南京条约》，标志着第一次鸦片战争的结束。

◆ 什么是中国近代史上第一个不平等条约？

中国近代史上第一个不平等条约是《南京条约》。该条约是清政府在第一次鸦片战争中战败后，与英国签订的一项屈辱性和约，其中包括割让香港岛给英国、赔款、开放五口通商等条款，严重损害了中国的国家主权和领土完整。

◆ 太平天国运动是谁领导的？

太平天国运动的领导者是洪秀全。1851 年，洪秀全在广西金田村发动起义，创立太平天国。随后，他率领起义军占领南京，并将其改名为天京，作为太平天国的都城。在他的领导下，太平天国运动一度发展到全盛时期，但最终在1864年宣告失败。

◆ 第二次鸦片战争发生在什么时候?

第二次鸦片战争始于1856年，由英国联军向大沽口发起进攻而拉开序幕。战争期间，清政府被迫签订了《天津条约》。1860年，英法联军占领天津后直逼北京，清政府签订《北京条约》和《瑷珲条约》，标志着第二次鸦片战争的结束。

◆ 火烧圆明园

第二次鸦片战争中，英法联军犯下了侵略罪行，其中之一便是洗劫并焚毁了圆明园。圆明园位于北京西北郊，是清朝皇家园林，历经150余年精心打造，由圆明、长春、万春三园组成，占地广阔，达5000多亩。它融合了江南园林与西方园林艺术之精华，并藏有无数珍宝、典籍及文物，被誉为人类文化的瑰宝。然而，1860年10月6日，英法联军闯入圆明园，疯狂掠夺，将所有能携带的财物悉数带走，无法带走或时间紧迫的则予以彻底破坏。

为掩盖罪行并迫使清政府接受侵略条件，英国全权代表额尔金下令纵火烧毁圆明园，给中国乃至世界文化遗产带来了不可估量的损失。

◆ 北京条约

1860年10月，英法联军攻占北京后，英、法、俄三国强迫清政府签订了不平等条约。具体而言，10月24日和25日，清钦差大臣奕䜣在北京与英、法的全权代表分别交换了《天津条约》文本，并签署了《续增条约》，即《北京条约》。

主要内容是:(1)承认《天津条约》完全有效。(2)增开天津为商埠。(3)准华民赴英、法属地或外洋别地做工。(4)割让九龙给英国。(5)赔还以前充公的法国天主教产。(6)赔偿英、法兵费各800万两;恤金英国50万两，法国20万两。11月14日，沙俄再次胁迫清政府在北京签订中俄《续增条约》，亦称中俄《北京条约》，迫使其承认中俄《瑷珲条约》内容，并将原《瑷珲条约》中规定的"共管"中国约40万平方公里领土直接划归沙俄。此外，该条约还强行规定了中俄西段边界的划分，基于此，沙俄于1864年进一步签订了《中俄勘分西北界约记》，再次侵占了中国约44万平方公里的领土。

◆ 洋务运动是指什么？

洋务运动是指19世纪60年代到90年代晚清洋务派以"自强""求富"为口号，利用西方军事装备、机器生产和科学技术以挽救清朝统治的自救运动。他们创办新式企业，培养新式人才，旨在学习西方先进技术，以抵抗外敌，推动社会发展。

◆ 中日甲午战争是哪一年发生的？

中日甲午战争发生在1894年。这一年，随着日本明治维新后实力的增强，日本开始将侵略目标转向中国，并发动了对中国的战争。战争持续到1895年，以清政府战败并签署丧权辱国的《马关条约》而告终。

◆ 义和团运动是什么时候发起的？

义和团运动于1898年在鲁西北由义和团组织发起，向当地教堂发起攻击，揭开了反帝爱国运动的序幕。清政府初时镇压，后转为招抚。然而，义和团运动最终在中外势力的联合绞杀下以失败告终。

◆ 什么是"百日维新"？

百日维新，又称戊戌变法，是晚清时期以康有为、梁启超为代表的维新派人士通过光绪帝进行的一场政治、经济、文化等方面的改革运动。从1898年6月11日光绪颁布《定国是诏》开始，到同年9月21日慈禧发动戊戌政变为止，共计103天，虽然时间短暂，但在中国近代史上具有重要意义。

◆ 辛亥革命的历史意义是什么？

辛亥革命的历史意义在于它推翻了清朝的封建统治，结束了中国两千多年的君主专制制度，建立了中华民国，使民主共和的观念深入人心。同时，它促进了民族资本主义的发展，为中国社会的进步和变革奠定了重要基础。

第三篇
传统艺术常识

　　传统艺术，是中华文化宝库中的璀璨明珠，它以其独特的魅力，跨越千年的时光，依旧熠熠生辉。书画常识，让我们领略笔墨纸砚间的意境与气韵，感受古代文人墨客的风雅情怀；音律舞蹈常识，则带我们走进悠扬的旋律与曼妙的舞姿，体会音乐与舞蹈交织的和谐之美；戏曲表演常识，更是打开了一扇通往古代剧场的大门，让我们在唱念做打中，品味传统文化的韵味与精髓。传统艺术是我们了解中华文化、传承民族精神的桥梁。

书画常识

◆ 什么是"永字八法"？

"永字八法"是以"永"字的8笔为例，阐述书写楷书的方法。传说东晋书法家王羲之创立了这种笔法，后因他的第七世孙智永和尚才广为传播。智永和尚继承祖法，临摹了800多本《真草千字文》，声名远扬，"八法"也因此成为"书法"的代名词。

◆ 汉字在形成和发展的历史中，出现过哪几种字体？

汉字的历史最早可追溯到三千年前，千百年来，先后出现了真（楷）、行、草、隶、篆这5种主要字体。

◆ 真书就是真正的书法的意思吗？

不是，真书又叫正书，也叫正楷和楷书。在5种主要字体中，真书诞生的时间较晚，由隶书演变而来，结构趋向简化，笔画平直，更方便让人们接受和学习，是书写的楷模，所以又被称为楷书。楷书中又有小楷、中楷、大楷、榜书等不同的称呼和功能。

◆ 行书是什么？

行书的字体介于真书和草书之间，比真书更好书写，比草书更容易辨认，因此被大量应用在日常书写和书法活动中。按照它的书写形态，又可以分成偏于楷书的"行楷"和偏于草书的"行草"两种字体。

◆ "草书"是指写得非常草的意思吗？

不是，草书是一种字体，约诞生于秦、汉两代相交的阶段，是人们在书写隶书时为了书写更快捷创造出来的字体，最初被称为"草隶"。它不断发展，从"草隶"发展为"章草"，后发展为上下字之间笔势牵连相通的"今草"，在唐代时又发展出了"狂草"。

◆ 隶书是什么？

隶书出现在战国末期，从篆书

演变而来，简化了篆书的繁杂字形，把篆书的圆转笔画变为方折笔画，在字形结构上完成了由象形性变为笔画性的历史性转变。发展到东汉时，隶书已完全成熟，并被广泛使用。

◆ 篆书分为哪些字体？

篆书包括了大篆与小篆两种字体。大篆是早期的篆书，又称籀（zhòu）书，主要应用在青铜器和石器上。大篆的字形并不一致，在秦始皇统一中国后，为了统一文字，出现了字形更加规范的小篆，结束了秦以前文字混乱的局面。

◆ 文房四宝都包括什么？

古时人们把书房中经常会使用的笔、墨、纸、砚这四种书写绘画文具统称文房四宝。不同时代的文房四宝代表的东西并不一致，宋朝之后，文房四宝一般是指浙江湖州的湖笔、安徽徽州的徽墨、安徽宣州的宣纸和广东端州的端砚。

◆ 毛笔是谁发明的？

毛笔是我国特有的书写工具，至今已有数千年历史，民间有传说是秦国大将蒙恬发明的。在河南信阳长台关、湖南长沙的春秋战国墓葬中，就出土了兔箭毛做成的毛笔。最负盛名的毛笔当属浙江湖州的湖笔，它的笔锋有尖、齐、圆、健的优点，深受世人喜爱。

◆ 制墨的主要原料是什么？

墨的主要原料是煤烟、松烟、胶等，过砚用水研磨可以产生用于毛笔书写的墨汁，在水中以胶体的溶液存在。早期的墨只能做成小圆块，用研石压成粉末。东汉时期，墨的形状从圆块改进成墨锭，可直接用手拿着研成墨水。

◆ 蔡伦是如何改进造纸术的？

纸是我国四大发明之一。古今中外公认东汉时的宦官蔡伦是纸的发明者，但早在西汉时期，就已经出现了粗糙的纸。蔡伦用树皮、麻头等材料改良出了纤维更加细腻、成本更加低廉的纸张。此后纸又经历了上千年的演变，有了多式多样的材质和用途。

◆ 我国的砚最早出现在什么时候？

砚在我国的历史极为悠久。我国制作和使用石砚的历史可追溯到先秦时期。石砚最初和碗、碟等工具没有太大差别，坚实耐磨，后被用作书房文具，有了美观的需求，于是有了陶、铜等材质，隋唐又出现了更加精美的瓷砚。

◆ "书圣"指的是谁？

书圣一般是指东晋书法家王羲之。王羲之出身于书法世家，他独创一派，擅长笔法精致、姿态飘逸的行书。他书写的《兰亭序》被誉为"天下第一行书"，在他之后的书法家，没有人不临摹他的书法帖，王羲之有"书圣"美誉。

◆ "初唐四大家"指的是哪四位书法家？

"初唐四大家"指的是唐代初期的欧阳询、虞世南、褚遂良、薛稷。他们的共同特点是都能写出一手"清秀劲瘦"的楷书。其中，欧阳询的楷书成就最为突出，与后来的颜真卿、柳公权、赵孟頫三人并称"楷书四大家"。

◆ 唐代并称"颜筋柳骨"的书法家是哪两位？

提到楷书，一定会提到颜、柳。其中"颜"指的是颜真卿，"柳"指的是柳公权。"颜筋柳骨"是形容颜真卿的书法丰满端正，宛如韧筋；柳公权的书法刚劲有力，像骨头一样清瘦硬朗。这两位书法家是唐代楷书的代表人物。

◆ 唐代哪位书法家被誉为"书中仙手"？

"书中仙手"一般指唐代书法家李邕。李邕的书法很有特点，他书写的字体左高右低，笔力遒劲。他反对在练习书法时机械地摹仿别人，提倡创新，甚至留下了"似我者俗，学我者死"的名言。李邕的书法对后世影响极大。

◆ 因推出"狂草"而成圣的唐代书法家是谁？

张旭是因"狂草"而闻名的草

圣之一。他和同时代的怀素并称"颠张醉素"，是草书的代表人物。他的书法狂放激越，草而不乱，有极高的审美价值。他使唐代书法开始脱离实用功能，加强了艺术性和创造性。

◆ "天下行书前三甲"指的是哪些书法作品？

"天下行书前三甲"分别是指东晋王羲之的《兰亭序》、唐代颜真卿的《祭侄季明文稿》和宋代苏轼的《黄州寒食诗帖》。《兰亭序》代表了行书的最高造诣；《祭侄季明文稿》的笔法生动传达了作者悲壮的感情；《黄州寒食诗帖》的写法气势奔放，令人叹为观止。

◆ 宋代书法家"苏黄米蔡"分别指的是谁？

"苏黄米蔡"分别是指苏轼、黄庭坚、米芾和蔡襄。从书法风格上看，苏轼的书法跌宕自然，黄庭坚笔法瘦劲，米芾俊逸豪放，蔡襄端庄沉着、婉约俊秀。这四个人书法成就最高，且最能代表宋代的书法风格，也被称作"宋四家"。

◆ 哪位书法家被誉为"神笔"？

"神笔"一般是指明末清初的书法家王铎，他博学多才，在诗文书画方面都有成就，他的行草别具一格，字形松张却流转自如，仿佛蕴藏着千钧力量。世人喜爱他洒脱痛快的笔法，尊称其为"神笔王铎"。

◆ 古代中国画是如何分类的？

唐代画家张彦远将绘画分为人物、屋宇、山水、鞍马、鬼神、花鸟六门，到南宋时期，分类已经增加到了八门，即仙佛鬼神、人物传写、山水林石、花竹翎毛、畜兽虫鱼、屋木舟车、蔬果药草、小景杂画。

◆ 山水画的画法有哪几种？

山水画历史悠久，种类丰富，可细分为青绿、水墨、金碧、浅绛、没骨、界画等多种画法。山水画以山川为题材，却不照搬现实的景色，而是加入艺术审美和主观写意，表达出唯美空灵的意境。

◆ 被视作山水画"南北宗之祖"的分别是谁？

南北宗原指佛教宗派，南宗代

表"顿悟"，意思是悟得灵感，成为大师；北宗代表"渐识"，意思是勤学苦练最终得道。在山水画中，南宗一般代表文人画，以唐代诗人王维的水墨画为代表；北宗一般指勤学派，以书画家李思训的青绿画为代表。

◆ 水墨画诞生在什么时期?

水墨画与油画、工笔画等不同，它不添加任何色彩，纯用水墨绘制。它诞生于唐代，到宋元时期开始兴盛，明清时期达到鼎盛。代表作有南宋米友仁的《潇湘奇观图》、元代黄公望的《富春山居图》、近代齐白石的《墨虾》等。

◆ 中国历史上最早的文人画家是谁?

中国最早的文人画家应该是唐

代诗人王维。王维强调"诗中有画，画中有诗"，在水墨画的历史上有着极高的艺术成就。他的绘画作品也成为后世文人画家争相模仿的范本，许多文人都奉他为文人画鼻祖。

◆ 中国花鸟画的题材涉及鱼虫、畜兽吗?

花鸟画的概念比较宽泛，它囊括的题材除了花卉和禽鸟，还包括畜兽、虫鱼、树木、蔬果等。唐代时，花鸟画已经独成一科，花鸟画家们也专精于描绘某一种动物，比如薛稷画鹤，李泓画虎，张旻画鸡，李逊画虫，张立画竹等等。

◆ 享有"百代画圣"美誉的是唐代哪位画家?

唐代画圣吴道子被诗人杜甫尊称为"百代画圣"。吴道子的画作涵盖人物、鬼神、山水、楼阁、花木、鸟兽等领域，无所不精。他创造了笔间意远的山水"疏体"，使山水画成为独立画种，终结了山水只作为人物画背景的附庸地位。

◆ 谁是"丹青宰相"?

唐代画家阎立本，他创作的丹

青十分精美，很受时人喜爱。唐高宗时，阎立本深受器重，屡任高职，官至右相。当时另一位大臣姜恪因作战有功被升为左相，人们评价说："左相宣威沙漠，右相驰誉丹青。"阎立本因此有了"丹青宰相"的称号。

◆ 什么是宫廷画？

宫廷画是由古代宫廷画家创造的绘画形式与风格，主要展示帝王的形象与功绩，或描绘宗亲贵族们的日常生活。宫廷画一般以工笔画为主，画面华贵繁复，描线工整。

◆ 漆画是什么？

在距今七千年前的新石器时代，已经有了漆器。到了春秋战国时期，漆工艺更为发达，贵族们在墓葬用具、乐器和生活器皿上涂绘的漆画，是先秦时期的特色绘画工艺。这些画作色彩鲜明，夸张生动，表现技巧极为成熟。

◆ 帛画是在帛上画画吗？

帛是一种的丝织品，用笔墨和色彩在帛上描绘人物、走兽、飞鸟及神明异兽等形象的图画，就称为帛画。帛画是中国古代绘画中的一种重要表现形式，早在战国时代，帛画工艺已有相当高的成就。

◆ 五色六彩是什么意思？

"五色"和"六彩"是国画的技法术语，指的是墨和水的浓淡关系。有的说法是，五色指"焦、浓、重、淡、清"五种色调。焦墨含水量少，浓墨比焦墨略稀，重、淡、清依此类推。六彩是在五色的基础上增加的留白。

◆ 中国首幅独立存在的山水画是什么？

东晋画家顾恺之绘制的《庐山图》是中国绘画史上首幅独立存在的山水画。顾恺之喜欢游览长江沿岸的山水名胜，并将他的感悟全部以绘画的形式表述在纸卷上。他也是魏晋南北朝唯一一位留下具体画作的山水画家。

◆ 中国绘画史上合称"六朝四大家"的是谁？

顾恺之与曹不兴、陆探微、张僧繇这四位画家合称"六朝四大家"。顾恺之，东晋书画家，作画写意传神，有"文、画、痴"三绝。曹不兴，三国吴画家，擅长画动物与人物。陆探微，南朝宋画家，擅长画肖像画。张僧繇，南朝梁画家，善画人物、龙、鹰、花卉、山水等。

◆ 书画中的"四君子"是什么？

"四君子"由"岁寒三友"发展延伸而来。明代的书画家们把梅、兰、竹、菊这四种植物画成画谱，文人陈继儒为这个画谱题名，称作"四君"，因此它们就有了"四君子"的称号。梅、兰象征清幽，而竹、菊象征高洁，都有很好的寓意。

◆《清明上河图》描绘的是清明时节的景象吗？

北宋画家张择端的名作《清明上河图》描绘的并不是清明时节的景象，这里的"清明"指的是北宋都城东京的清明坊。在画中有不少卖西瓜、送木炭、卖新酒、打着赤膊的商贩与劳动者，可以看出图中描绘的是从清明坊到虹桥这一段河道的秋景。

◆ "吴门四家"与"吴中四才子"有关系吗？

吴门四家，又称明四家，是指沈周、文徵明、唐寅和仇英这四位著名的明代画家。他们都活跃于苏州（别称吴门）地区，所以被称为"吴门四家"。"吴中四才子"是指活跃在吴门地区的四位文学家：徐祯卿、祝允明、唐寅、文徵明。

◆ "十全十美"与明代唐寅作画有何关联？

"十全"一词出自医典，认为医生让十个接受治疗的病人痊愈，就是"十全"的上等医师。明代唐寅画《十美图》献给皇帝，但在绘制时只找到九人，成图被认为不够完美。后来又找了位美人凑成"十美"。后人把两个典故合二为一，称作"十全十美"。

◆ 明末清初"金陵八家"分别是谁？

"金陵八家"是清代早期活跃

于南京地区的一个绘画流派，龚贤、樊圻、高岑、邹喆、吴宏、叶欣、胡慥、谢荪、龚贤这几位画家位于八家之首。他们大都隐居，只在江淮地区往来，以卖画为生，常常一起谈论诗文书画。

◆ 明末清初的哪几位画家被称为"画中九友"？

"画中九友"指董其昌、杨文聪、程嘉燧、张学曾、卞文瑜、邵弥、李流芳、王时敏、王鉴九位画家。明末清初的著名诗人吴伟业作有一首《画中九友歌》，他在诗中称赞这九位引导画坛且经常切磋画技的画家为"画中九友"。

◆ "清初四僧"形容的是哪四位画家？

"清初四僧"是指四位画家：原济（石涛）、朱耷（八大山人）、髡残（石溪）和渐江（弘仁）。前两位是明代皇室后裔，后两位是明代遗民。四位画家都有着强烈的民族情怀，通过画作表达对身世的感慨和郁愤，寄托对故国山河的哀思。

◆ "扬州八怪"指的是画风相似的八位画家吗？

扬州八怪是清代康熙至乾隆年间活跃在扬州地区的一批风格相近的书画家，也称为"扬州画派"。比较公认的八怪是金农、郑燮、黄慎、李鱓、李方膺、汪士慎、罗聘、高翔。他们的书画风格不同寻常，不落俗套，因此叫"八怪"。

◆ 丹青为什么可以指代绘画？

丹青是指丹砂和青臒这两种可以用来作为颜料的矿物，因为中国古代绘画常常使用到朱红色与青色，丹青就成为古代绘画艺术的主要代称。在民间，人们都称画工为"丹青师傅"。

◆ 仕女画是什么时候发展起来的？

仕女画，又名"士女画"，是我国人物绘画中的重要类别。仕女画发展于两晋时期，是以中上层士大夫和妇女生活为题材的人物画作，到了唐代时逐渐兴盛，成为专门描绘上层妇女生活的画体。

◆ 版画是怎么画出来的？

版画与其他绘画不同，它不是

由笔画成，是由不同的刀具在木版、石版上刻制而成。版画的绘制有绘、刻、印这三个步骤，起初用在贵族的墓葬石板上，后来传入民间，逐渐流行，形成非常具有民间特色的版画艺术。

◆ **连环画是什么时候出现的？**

连环画是一种通过多个画面连续叙述故事的绘画形式。汉代已经出现了刻在砖上的单幅人物故事画，而到了唐代，连环画的形式初步显现。清代之前的连环画主要采用石刻、木刻和笔画这三种技法，直到清代末年才出现石印连环画。

◆ **指画是用手指画画吗？**

是的，指画是用手指蘸墨作画的技法，传说由清初画家高其佩在梦中得来的灵感。高其佩的指画创作会运用到手的各个部位，包括指甲、手指、手掌和手背。画作的线条粗细变化具有指墨画的独特风格，因而被后人广泛借鉴，形成了"指头画派"。

◆ **什么是岭南画派？**

岭南画派是 20 世纪初期崛起的新兴中国画流派，其成员多是活动在中山地区的广东籍画家。岭南画派把日本画和西洋画的技巧融入中国传统绘画，使花鸟、山水画作栩栩如生，丰富了传统绘画的表现技巧和题材。

音律舞蹈常识

◆ **五音、六律分别指什么？**

古人所说的五音指宫、商、角（jué）、徵（zhǐ）、羽五个音调，按照音调的高低可以排列成一个五声音阶。律本来指用来定音的竹管，后来成为音乐专门名称。六律一般指六阳律：黄钟、太簇、姑洗（xiǎn）、蕤（ruí）宾、夷则、无射（yì）。五音和六律相辅相成。

◆ 什么是"十二律"?

"十二律"是古代的定音方法,是一个音程中渐次升高的十二个半音阶,一般分为六阳律和六阴律。音律从低到高依次为:黄钟、大吕、太簇、夹钟、姑洗、仲吕、蕤宾、林钟、夷则、南吕、无射、应钟。

◆ 宫调是什么?

古代的音阶分为宫、商、角、变徵、徵、羽和变宫七个音。无论以哪一个音作为起点,都可以形成一种调式。当以宫音为起点时,这种调式称为"宫调式";而以其他音为主的调式则称为"调",比如商调、角调等,统称为"宫调"。

◆ 古代乐器的"八音"是哪八音?

八音是中国古代对乐器的统称,是中国历史上最早的乐器分类法。当时的乐器制作用到的材料通常是金、石、丝、竹、匏(páo)、土、革、木这八种不同的材料,每种材料的音色不同,因此称作"八音"。

◆ 唢呐一般用于什么场合?

唢呐是中国传统双簧木管乐器,音色高亢嘹亮,声音穿透力极强,十分独特,是中国具有代表性的民族管乐器。它在古代多用于戏曲、丧葬乐,在当代也常被使用在民族音乐、流行音乐中。

◆ 琵琶出现在什么时候?

琵琶是一种具有两千年历史的中国传统弹拨乐器,其雏形"弦鼗(táo)"在秦代就已出现。演奏琵琶时,乐器需竖起,左手负责按弦,右手的五指进行弹奏,琵琶作为重要的民族乐器,能够进行独奏、伴奏、重奏和合奏。

◆ 雅乐是高雅的音乐吗?

雅乐是指古代帝王祭拜、宴会、庆典上演奏的宫廷音乐,与民间的"俗乐"相对。三千年前的周王朝建立时就已经制定出了一套完整的礼乐制度,是雅乐的起源。代表作有《诗经》中"风""雅""颂"。

◆ 俗乐是什么意思?

俗乐是古代对民间音乐、外来音乐和散乐百戏的泛称,与"雅乐"相对,多由民间乐人演奏,供百姓消遣。每个朝代的俗乐都很流行,且不仅限于民间唱诵，宫廷中的宴会有时也会演奏俗乐。

◆ 教坊是做什么的？

教坊是古代专门管理宫廷音乐舞蹈的机构，从唐代开始在宫中设置。教坊里的乐工有男有女，品阶最高的乐工在大型歌舞时总是站在队伍最前方。这些乐人有的来自乐工世家，有的是罪臣的妻子和儿女，有的是搜罗来的民间艺人。

◆ 古琴为什么又称"七弦琴"？

古琴是中国古代最早的拨弦乐器，音域宽广，音色变化丰富。古琴的形制千年来少有变化，身材狭长，琴头宽，琴尾较细，琴身一般用桐木或杉木制成，开有两个出音孔，琴面有七根弦，所以又称"七弦琴"。

◆ 编钟是一种钟吗？

编钟是中国古代的一种大型打击乐器，由青铜铸造而成，多个大小不同的扁圆钟按照音调的高低顺序排列，悬挂在一个大型的框架上。使用丁字形的木槌和长棒敲击铜钟，可以发出不同的音色。中国是最早制造和使用编钟的国家。

◆ 江南丝竹是什么？

江南丝竹源于明清时期，江浙一带的民间乐种，农村的丝竹，粗朴有劲、乐观爽直；城镇的丝竹，细腻、典雅。乐队少则三四人，多则达90人，以笛、箫、二胡、琵琶、扬琴、小三弦、笙、板等为常用乐器。江南丝竹以精雕细刻闻名于世，它的音乐清丽流畅，富有韵味。

◆ 古筝有多少根弦？

古筝是汉民族最古老的乐器之一。与古琴相比，古筝体形更为宽广，筝面上有筝码，每个筝码上固定一根弦。晋代之前的古筝有12根弦，唐宋后增至13弦，明清时期增加到15至16弦。

◆ 扬琴起源于哪里?

扬琴,亦称洋琴,是中国民族乐中常用的一种击弦乐器。起初,扬琴源于伊朗和阿拉伯地区的古乐器,14世纪传入欧洲,明末清初通过海路引入中国沿海,经过中国乐工改良,形成如今具备中国特色的扬琴,被誉为"中国钢琴"。

◆ 箫上有几个孔?

箫,又称洞箫,是一种单管吹奏乐器。大部分箫用竹子制作(也有用玉、铜、瓷和纸等材料做的),管上方有一个吹气孔,管身中上部分有六到八个按音的孔。八孔箫是六孔箫的改进版,现在使用的主要是八孔箫,演奏时一般将箫竖在嘴边吹奏。

◆ 竹笛有哪些种类?

中国笛是迄今为止发现的最古老的汉族乐器。中国传统音乐中常用到竹笛,可分为南方曲笛、北方梆笛和中音笛。

◆ 芦笙的起源是什么?

芦笙是西南地区苗、瑶、侗等少数民族的传统乐器,分为重音和轻音两种类型。其起源于中原,最初是汉族的竽,后来传播到少数民族地区。

◆ 鼓是用什么制成的?

鼓是我国传统的打击乐器,一般为圆桶形的鼓身的一面或双面蒙上一块拉紧的膜,膜一般为动物皮或人制皮革做成。鼓的形式多样,有大鼓、小鼓、腰鼓、手鼓等,一般用鼓槌或手击打鼓膜,形成节奏。

◆ "鸣锣开道"的"锣"是什么乐器?

锣是一种中国传统金属打击乐器,由铜冶炼制成。锣的结构简单,由两个圆形弧面组成,边框为圆形,演奏者可以用木槌敲锣中央发出乐声。铜锣常用于礼仪和战争,是古代军事首领指挥作战的用具。

◆ 马头琴是什么时候出现的?

马头琴是蒙古族的传统民族乐

器，距今已有 1300 多年历史，最早产生于东胡的奚部，当时称"奚琴"或"奚胡"。

◆ "瑟"是一种什么样的乐器？

瑟是中国古代最早的拨弦乐器之一，形状与古琴相似，有 25 根粗细不一的弦。它在先秦时期极为盛行，汉代依然流行。到了南北朝，瑟常被用于相和歌的伴奏之中。唐代时，瑟的应用颇为广泛，但后世对它的使用逐渐减少。

◆ "阳关三叠"最早是哪个朝代的琴曲？

"阳关三叠"是根据唐代诗人王维的七言绝句《送元二使安西》谱写的一首琴曲。演奏时，某些诗句会反复三遍，因此得名"阳关三叠"，又名《渭城曲》《阳关曲》。这首乐曲在唐代极为流行。

◆《春江花月夜》的曲谱最早出现在哪里？

《春江花月夜》又名《夕阳箫鼓》，是一首琵琶独奏曲，是古典民乐的代表作之一。该曲的曲谱最早见于清代音乐家鞠士林所传的《闲

叙幽音》琵琶谱，用温婉的乐声演奏出了静谧唯美的春夜画卷。

◆ 中国十大古曲是什么？

中国十大古曲分别是：《高山流水》《广陵散》《平沙落雁》《梅花三弄》《十面埋伏》《夕阳箫鼓》《渔樵问答》《胡笳十八拍》《汉宫秋月》《阳春白雪》。

◆ "高山流水"指的是高山和流水吗？

《高山流水》是两千多年前的琴师伯牙创作的琴曲，其内涵深远，常人很难领悟。该琴曲的乐谱在历代传承中历经多次修改，发生了较大变化，但始终被视为古典经典。如今人们聆听到的《流水》版本，源自清代四川琴家张孔山的传谱。

◆《胡笳十八拍》是怎么创作出来的？

《胡笳十八拍》，古琴曲，又名《文姬归汉》。据说东汉的女性文学家蔡文姬曾被匈奴人掳走，成为左贤王妃，后来曹操派人出使匈奴赎回蔡文姬。回到中原的蔡文姬不能

再和儿子见面，心情十分悲痛，因此创作了《胡笳十八拍》。

◆ 《广陵散》是谁加工的?

《广陵散》，又名《广陵止息》，是中国古代的大型琴曲。该曲前身是古时的《聂政刺韩傀曲》，由魏晋时期的琴师嵇康加工为《广陵散》。嵇康死后，此曲经后人保存，一直流传到今天，成为中国十大古琴曲之一。

◆ 《霓裳羽衣曲》是谁创作的?

《霓裳羽衣曲》是一首大型宫廷舞曲，相传是唐玄宗登高望女儿山仙女庙后有感而发而创作。该曲分为三段：第一段为散序，由箫、筝、笛等乐器独奏或轮奏；中序是一个

慢板的抒情乐段，边歌边舞；最后一段节奏很快，只舞不歌。

◆ 六舞包括什么?

六舞，又称六乐，是中国远古时期的宫廷乐舞。这些乐舞是中国奴隶制时代专门用来歌颂帝王的，包括黄帝时的《云门大卷》、唐尧时的《大咸》、虞舜时的《韶》、夏禹时的《大夏》、商汤时的《大濩》，和周武王时的《大武》。

戏曲表演常识

◆ 京剧是怎么出现的?

京剧，又称平剧、京戏，是中国影响力最大的戏曲剧种。京剧由地方戏种演变而来，只有一百余年

的历史。后来，京剧不断融合昆曲、秦腔等曲调，逐渐形成了独具民族风格的京剧，也成了享誉中外的中国国粹。

◆ **戏曲表演中有哪"四功""五法"?**

戏曲表演中的"四功"是指"唱、念、做、打"等基本功,"五法"是指"手、眼、身、法、步"这五种戏曲表演技法。戏曲演员需要熟练掌握"四功五法"的基本要领,娴熟运用,才能赋予戏曲剧目强大的艺术表现力。

◆ **京剧"四大名旦"是指哪几个人?**

梅兰芳、程砚秋、尚小云、荀慧生是公认的四大名旦,他们是京剧旦角行当中四大艺术流派的开创者,极大地提升了旦角的地位,在艺术上各自独树一帜,各自拥有独特的剧目及传承者,对京剧的发展产生了深远的影响。

◆ **戏剧中"生旦净末丑"分别指什么?**

生旦净末丑,是指戏曲里面的五种角色。生一般指男性角色,包括小生、老生、武生等;旦一般指女性角色,包括花旦、青衣、老旦、刀马旦等;净俗称花脸,会画脸谱,扮演代表性的男性角色;末主要扮演中老年男性小人物;丑主要扮演伶俐风趣或阴险狡黠的角色。

◆ **戏曲中"生旦净丑"的名称是怎么来的?**

"生旦净丑"的名称采用了反喻,其中"生"角反其生疏之意,要表演出老练的风格;旦是旭日东升的阳刚之气,反用女性的阴柔风格演绎;"净"角要在角色脸上涂满色彩,反而用干净的净字取名;丑的属相是牛,稍显笨重,"丑"角却要表现得活泼伶俐。

◆ **四小名旦分别是指谁?**

京剧旦角演员李世芳、张君秋、毛世来和宋德珠最初被并称为"四小名旦"。1947年,李世芳不幸离世,宋德珠暂别舞台,随后人们选举出了"后四小名旦",包括张君秋、毛世来、陈永玲和许翰英4人。

◆ **戏曲清唱为什么俗称"冷板凳"呢?**

"冷板凳"原指戏曲行话,是曲目清唱的意思。民间戏曲剧团演出时,舞台上只放几张板凳供乐工坐着演奏。假如演员只清唱,没有乐工伴奏,这几条板凳没人坐,就是冷清清的冷板凳。后来这句行话在民间引伸出不受重视、遭遇冷落的意思。

◆ "梨园弟子"最初指的就是戏曲演员吗？

"梨园弟子"最早并不是指戏曲演员，而是指乐器演员。唐玄宗李隆基喜爱音律。尤其精通法曲，他挑选了三百多名乐工在皇宫里的梨园，专门教他们演奏"法曲"。这些乐工被称为皇帝门下的"梨园弟子"。

◆ 哪个剧种被称为"第二国剧"？

越剧被誉为"第二国剧"，也是传播范围最广的地方剧种之一。它融合了昆曲、话剧、绍剧等多种戏曲艺术，形成了独树一帜的艺术风格。

◆ 哪个剧种被称为"中国戏曲之祖"？

"中国戏曲之祖"一般是指昆曲。昆曲发源于元代江苏的昆山地区，是中国乃至世界现存最古老的剧种。

◆ 黄梅戏是怎么形成的？

黄梅戏，也叫黄梅调或采茶戏，它源自湖北、安徽、江西三省交界处的黄梅多云山区域，其雏形为采茶歌。到了清乾隆年间，这些采茶调传入安徽，与本土的方言歌曲及念白相融合，逐步演化成一个新颖的戏曲形式，也就是黄梅戏。

◆ 豫剧有什么特点？

豫剧，也被称作靠山吼、土戏、高调或河南梆子，是中国第一大地方剧种，主要流行于河南地区。其舞台表演、人物塑造以及音乐唱腔等方面，均彰显出独特的河南地方特色。豫剧吐字清晰，腔调爽朗且铿锵有力，充满了地方韵味。

◆ "变脸"是哪个剧种的绝活儿？

"变脸"是川剧的拿手好活。据说"变脸"源自远古人类在狩猎时画在脸上的脸谱。面对凶猛的野兽，脸上画了花纹的人们通过挤动脸部肌肉把它们吓跑。川剧融合了这一元素，把"变脸"搬上舞台，做成了看家绝活。

◆ "南戏之冠"是什么?

南戏是宋元时流行在中国南方的戏曲艺术，因最初形成于温州，也称"温州杂剧"。元末的《琵琶记》被认为是"南戏之冠"。

◆ "南戏四大传奇"包括什么?

"南戏四大传奇"是指元末明初中国四部传奇剧本:《荆钗记》《拜月亭记》《白兔记》《杀狗记》。

◆ 俳优是做什么的?

"俳优"是指秦汉时期以乐舞和谐戏为业的艺人，可以理解为古代的喜剧演员。

◆ 中国戏曲有哪些"之最"?

中国最早的戏曲剧目:汉代《东海黄公》。

中国现存最古的剧本:南宋《张协状元》。

中国戏曲史上成就最突出的剧作家:元代关汉卿。

中国古代第一部系统全面的戏曲理论著作:《闲情偶寄》。

中国流行最广、影响最大的戏曲剧种:京剧。

◆ 梨园三怪指的是什么?

梨园"三怪"一般是指清末三个名角:跛子孟鸿寿、盲人双阔亭、哑巴王益芬。他们的共同点是都有严重的身体缺陷，却勤学苦练，扬长避短，最终成为一鸣惊人的名角，被各个戏班争相邀请。

◆ "双簧戏"是怎么来的?

传说晚清时期的慈禧太后爱听曲艺，传曲艺人黄辅臣进宫演出，恰巧黄辅臣喉咙不舒服，又不敢推辞，于是让儿子躲在他身后出声，他负责表演。慈禧太后发现了这个玄机，笑道:"你们这是双簧啊!"从此有了"双簧"之名。

◆ 相声因何得名?

相声是一种富有喜剧色彩的曲

艺品种，最初是一种口技，要模拟万物之声，所以称为"相声"，后逐渐脱离口技，演变为说、学、逗、唱的喜剧表演形式。现代相声分为单人表演的单口相声、双人表演的双口相声和三人表演的相声。

◆ 传统的皮影戏发源于什么地区？

中国皮影戏又称"影子戏"或"灯影戏"，是一种以兽皮或纸板做成的人物剪影以表演故事的民间戏剧。表演人躲在幕布后，操控手中的人物剪影做出行动，表演故事。皮影戏发源于中国陕西，是中国出现最早的戏曲剧种之一。

◆ 苏州弹词有什么特点？

弹词是一种以三弦和琵琶作为伴奏乐器的说唱艺术。起初，弹词的表演者均为男性，但到了晚清时期，女性艺人开始崭露头角，其中以苏州弹词为代表。苏州弹词的表演内容丰富多样，包括表白、说白、唱词和开篇等部分，采用吴语进行演唱，旋律柔婉清丽。

◆ 信天游是如何得名的？

信天游是中国的一种民歌，由于它的形式简洁灵活，旋律悠扬动听，人们可以在山野间自由地即兴创作并演唱。这种歌声随风飘荡，传遍四面八方，因此得名"信天游"，主要流行于陕北地区。

◆ 秦腔有什么特点？

秦腔别名梆子腔、陕西梆子，属于陕西地区的地方剧种，拥有完整的表演体系，对各地的剧种产生了深远的影响。其表演技艺特色鲜明，展现出真切、豪放且极具夸张性的风格，具有浓厚的生活气息。

◆ 评剧有什么特点？

评剧的特点在于吐字清晰、唱词通俗易懂，演唱风格自然流畅，充满了浓厚的生活气息。

◆ 中国的木偶戏起源于什么时候？

木偶戏是一种利用木偶来演绎故事的戏剧形式。在表演过程中，演员们位于幕后，一边操纵木偶，一边演唱，同时配乐。据考证，木偶戏起源于汉代的"作傀儡戏"。

◆ 二人转的表演风格是怎样的？

"二人转"是东北地区独具特色的一种民间艺术形式，通常由两人或一人表演。其表演风格相当独特，主要分为三种形式：一是由一丑一旦两位演员进行对唱；二是由一位演员边舞边唱；三是由一位演员扮演不同角色来演唱。演员们的表现手段为唱、说、做、舞，伴随利用手绢、扇子等道具完成的特技动作。

◆ 秧歌有什么特点？

秧歌是我国北方地区广为流传的一种民间舞蹈，它源自农业劳动，常在节日庆典中表演，旨在增添喜庆与欢乐的氛围。其舞姿自由灵活，动作没有规范。舞者们会装扮成各式人物，手持扇子、手帕、彩绸等多种道具翩翩起舞，以锣鼓和唢呐伴奏。

◆ 杂技这个术语是什么时候出现的？

杂技在汉代被称为"百戏"，而"杂技"这一术语最早在唐代出现。汉代杂技已初步发展成为一种表演艺术，并在后期逐渐融入了魔术、马戏、猴戏以及打铁花等多种技巧性的表演项目。到了宋代，杂技的演出不仅限于城市，还广泛深入了乡村地区。

第四篇

科技医学常识

　　科技发明如星辰般璀璨，从指南针到印刷术，每一项伟大发明都点亮了人类文明的火花，引领我们走向更加便捷、智能的未来。而医学常识，则像守护健康的魔法，教会我们如何照顾自己，预防疾病，让身体更强壮。作为小学生，了解这些科技医学常识，不仅能拓宽我们的视野，更能培养我们对科学的热爱，对生命的尊重。让我们一起踏上这场充满乐趣与发现的探索之旅吧！

伟大发明

◆ **中国最早的指南针叫什么名字?**

司南,中国古代的磁性导航工具,其起源可追溯至战国时代。这种工具以天然磁石打造,形状神似汤匙。使用时,将其置于平滑的底盘上,轻轻旋转后让其静止,静止时,长柄端会指向南方,而勺部则朝向北方,展现了古人对磁力的早期利用和导航智慧。

◆ **指南鱼和司南在设计上有什么不一样?**

古代中国发明了指南鱼,这是一种简易的导航工具,用薄钢片制成鱼形,磁化后能在水面上指示南北。它比司南更便捷,只需一碗水即可使用,不受碗放置角度影响。指南鱼还以木制形式出现,内置磁铁,通过鱼口插入针制成,同样能准确指向。这种工具比传统的司南更加灵敏和精确。

◆ **造纸术是谁发明的?**

造纸术,作为中国四大发明之一,源远流长。最初,文字刻于甲骨和金属,不便携带且成本高。西汉时,人们用麻和苎麻制纸,但质量粗糙,多用于包装。东汉蔡伦改良技术,采用树皮等低成本原料,生产出轻便且经济的纸张,被尊称为"蔡侯纸"。

◆ **印刷术是什么时候诞生的?**

中国印刷术历史悠久,隋唐时期刻版印刷技术诞生,极大提高了书籍复制的效率。北宋时,毕昇发明了世界上最早的胶泥活字印刷,这一创新极大地推进了印刷业的发展。中国的印刷技术促进了文化的广泛传播,对全球产生了深远的影响。

◆ **火药的发明过程是怎样的?**

中国最早的火药配方记载可追

溯至八九世纪，描写了硫黄、雄黄和硝石混合加热能引发剧烈反应。这一发现源于古代炼丹术，尤其是"火法炼丹"技术。晋代葛洪《抱朴子》中详述了火法，包括煅烧、炼制等化学过程。炼丹者在寻求长生不老药的过程中，不断实验，无意中发明了火药。

◆ **圭表的作用是什么？**

圭表，古代中国的天文测量工具，由垂直的表杆和水平的圭尺组成，用于测量太阳影子。这种仪器可能起源于商代，用于确定夏至和冬至，进而计算一年天数和划分二十四节气。战国时期，人们已经用铅垂线来校准表杆，确保观测的准确性。到了元代，郭守敬对圭表进行了改进，提高了测量的精确度。

◆ **日晷在古代的用途是什么？**

日晷，古称日规，是中国用以测量太阳时的测量工具，源自圭表。它由晷针和刻度盘组成，根据盘面方向分为地平、赤道等多种类型。《隋书》记载了594年的短影平仪，为最早的地平日晷。郭守敬的仰仪具备球面日晷功能，陆仲玉则详述了日晷的制作。

◆ **雕版印刷是什么时候出现的？**

雕版印刷术起源于公元7世纪，基于古代石刻和印章技术发展而来。它通过在木板上反向雕刻文字，凸起部分涂墨后压印于纸上。敦煌出土的《金刚经》是公元868年印刷的，代表了早期雕版印刷的成就。宋代时期，雕版印刷技术达到巅峰，产生了大量精美作品。其中，耗时12年完成的《大藏经》，体现了当时印刷的高水准。

◆ **活字印刷的发明者是谁？**

北宋平民毕昇发明了活字印刷技术，该技术通过将刻有单字的黏土块烧制成陶字，然后在铁板上排列这些陶字，加热使松香熔化固定字模，印刷完成后可重新取下陶字以备再用。沈括在《梦溪笔谈》中详细记载了这一发明，其原理与现代铅字印刷技术相仿，极大地提升了印刷效率。

◆ 杆秤的计量单位是如何演变的?

杆秤，一种古老的称重衡器。其秤杆可由骨头、木材或金属制成，秤砣则可能是石制或金属制，提绳分为双绳或三绳式。传说陶朱公受启发于横杆，发明了以十六星为标志的杆秤。历史上，计量单位从夏商的铢两演变至周代的铢、两、斤等，后来简化为十两制，现代则采用千克制。

◆ 古代最早的数学文献的作者是谁?

尸佼的《尸子》是战国时期的著作，提到了古人用规、矩等工具来形成圆、方等几何概念。西汉的《周髀算经》不仅讨论了天文学和历法，还采用了复杂的分数和开平方法，并首次记录了勾股定理的应用。

◆ 九九乘法表最早诞生于哪个朝代?

九九乘法表，古时称作九九歌或九因歌，是中国古代用于乘除和开方的基本计算法则。证据显示，春秋战国时期，九九口诀已广为流传，如"三九二十七"。古代口诀顺序与现代相反，从"九九八十一"至"二二得四"。到 13、14 世纪才转变为现代顺序。

◆ 计算圆周率最杰出的人是谁?

圆周率在数学领域占据核心地位，中国数学家在圆周率的计算上取得了重大突破。最初圆周率被简化为 3，但刘徽采用割圆法得到更精确值 3.14 或 3.1416。祖冲之继承并发展了这一方法，精确计算到小数点后七位，提出的密率在数学史上更保持了千年的世界纪录。

◆ 古代十进制最早追溯到什么时候?

《卜辞》记载显示，商代人已掌握用一到万的单字表示十万以内的数字，已知的最大数字为三万。甲骨文中还体现了奇数、偶数和倍数的概念。商代采用十进位制和位值制，使数字的表示与运算变得简单。

与巴比伦的 60 进制和埃及的 20 进制相比，商代的十进制更为先进，且最早认识到"0"的重要性。

◆ 算盘在古代有什么作用？

中国算盘是在算筹的基础上发展起来的计算工具。最初，人们使用小木棍即算筹进行计算。随后，算盘因其便捷性取代了算筹，促进了珠算口诀的产生。明代程大位的《算法统宗》详细介绍了算盘操作和珠算技巧，包括开平方和立方的方法。

◆《九章算术》的主要内容是什么？

《九章算术》是公元 1 世纪的数学经典，包含 246 个问题，涉及方田、粟米等九个方面。书中总结了面积、开方、体积和方程的计算方法，处于当时世界的领先地位。此后，许多数学书籍要么注释《九章算术》，要么以它为模板，刘徽的《九章算术注》成就尤为显著。

◆ 勾股定理最早是谁发现的？

勾股定理揭示了直角三角形边的关系，最早由周代的商高发现。《周髀算经》中通过对话形式介绍了这一定理，并以"勾三股四弦五"来描述。《周髀算经》和《九章算术》都记载了定理的通式：直角边的平方和等于斜边的平方。

◆ 都江堰的修建者是谁？

都江堰，中国古代杰出的水利工程，坐落于四川，跨越长江。由秦昭王时期蜀郡太守李冰所建，李冰精心选址并采用竹笼装石技术稳固堰基。该工程由鱼嘴分水、飞沙堰排沙和宝瓶口引水三部分组成，历经 2200 多年仍惠及民众。

◆ 黄道婆有哪些成就？

黄道婆，上海人，是中国历史上著名的棉纺织技术革新者。她曾在海南学习黎族纺织技艺 30 年，后将这些技术带回家乡，极大提升了长江流域的棉纺水平。她教授了新的纺织工具使用方法和色彩搭配技巧，使得松江棉布质量上乘，尤其是"乌泥泾被"因其精美图案而远近闻名。

◆ 中国古代五大农书分别是哪五本？

中国古代农业科学著作丰富，西汉的《氾胜之书》是最早的著作，北魏贾思勰的《齐民要术》系统全面。宋代陈旉专注水稻，作《陈旉农书》。元代王祯《王祯农书》详述农桑与农具。明代徐光启《农政全书》集大成，共 60 卷 70 万字。

◆《齐民要术》的作者是谁？

贾思勰是北魏时期的农学家，以《齐民要术》闻名。这部约成书于公元 533 年至 544 年间的著作，共 10 卷 92 篇，字数超 11 万，全面覆盖农、林、牧、副、渔等领域，实用性强。它汇总了秦汉时期黄河流域的农业技术，对后世影响深远，国际上也备受推崇，被誉为世界级的农业科学著作。

◆ 张衡地动仪的工作原理是什么？

张衡发明的地动仪，是古代中国用来感知地震方向的仪器。这个仪器像个大酒壶，里面有个中心柱，周围环绕着 8 条龙，每条龙嘴里含着铜球。地震发生时，震动会使得中心柱倾斜，触发相应方向的龙口张开，铜球掉进下面的蛤蟆嘴里，发出声音，这样就能知道地震是从哪个方向来的。

◆ 水磨最早出现在哪个朝代？

最早的磨要人或动物推，晋代时中国造出了用水转的水磨，水轮子一转，磨盘也跟着转。技术进步后，出现了能同时转好几个磨的水磨，这就是水力发电的雏形。

◆ 脚踏纺车的发展历程是怎样的？

纺锤曾是传统的纺纱工具，但效率低下且纺线不匀。中国在东汉前就有了纺车的雏形，从手摇单锭纺车发展到脚踏多锭，极大提升了纺纱效率。元代的大纺车能一昼夜纺百斤纱，领先西方数世纪，直到英国的阿克莱在 1769 年发明水车纺机。

◆ 中国什么时候掌握了冶铁技术？

中国春秋时期就掌握了冶铁技术，江苏发现的春秋铁块是全球最早的生铁样本。古代中国的大型竖炉和鼓风技术，加上精选原料，让冶铁技术领先世界。而欧洲直到14世纪才开始冶炼生铁。

◆《梦溪笔谈》的作者是谁？

沈括，北宋杰出科学家，有"中国科技史的里程碑"之誉。年轻时，他随父亲游历各地，拓宽了视野。33岁考中进士后，在司天监工作，决心献身科研。晚年隐居镇江梦溪园，完成了涵盖自然和社会科学的《梦溪笔谈》，对全球科技发展产生了深远的影响。

◆《天工开物》的主要内容是什么？

《天工开物》是宋应星写的，讲了18种技艺，像种粮食、做衣服、染色、做饭、做陶器、打铁、造船、炼矿、榨油、造纸、炼金属、造武器、画画、酿酒、珠宝。书里还有很多图，让人一看就懂古代人怎么干活的。

医学常识

◆ 中医有哪些经典著作？

《黄帝内经》标志着中国医学体系的初步形成。《医部全录》汇集了海量的医学知识，《普济方》则囊括了众多治疗方案。《瘟疫论》专注于疫病，《神农本草经》记录了早期的草药知识。《诸病源候论》探索了疾病成因，《伤寒杂病论》是全球最早的临床指南。《新修本草》是世界上最早的药典，《脉经》深化了脉诊学问，《洗冤集录》开创了法医学，《针灸甲乙经》和《小儿药证直诀》分别奠定了针灸和儿科基础。《本草纲目》则被尊为"东方药学宝典"。

◆ 中医中藏象学说指的是什么？

中医将人体器官分为"脏"和"腑"。实心的"脏"有心、肝、脾、肺、肾；空心的"腑"则包括胆、胃、大小肠、膀胱等。除了这些，还有些特别的器官，像脑、骨髓等，被称为"奇恒之腑"。中医通过观察身体外在表现，来研究内脏的功能和它们之间的联系，这叫作藏象学说。

◆ 中医诊断会用到哪"四诊"？

中医，讲究的是阴阳调和和五行相克。医生看病时，会用观察、听诊、询问和触诊（望、闻、问、切）这四招。治疗上，中医会从病的阴阳、表里、寒热、虚实等方面来综合分析。它还强调预防胜于治疗，提倡提前保健。

◆ 中医中为什么用"悬壶"形容行医救人呢？

中医悬壶济世的传统源自费长房与壶翁的传说。据说费长房曾见壶翁卖药后跳入葫芦，发现里面别有洞天。后来，费长房学成医术，悬葫芦行医，药到病除。从此，葫芦成为中医的标志，象征医术高超，能治愈疾病。

◆ 中医中经络的主要作用是什么？

中医经络理论认为，经络是人体内气血流通的路径，包括主要的经脉和细小的络脉。这些经络遍布全身，连接脏腑和肢体，维持身体机能的协调和平衡。经络还与自然界的规律相呼应，通过特定的穴位影响健康。

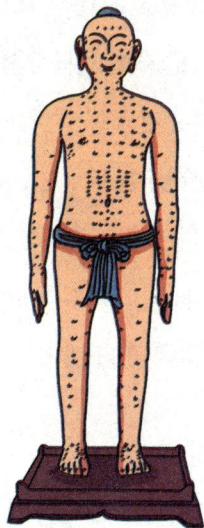

◆ 人体的主要经络一共有多少条？

中医理论中，人体有 12 条主要经络和 8 条特殊经络。主要经络与脏腑相连，根据阴阳和位置命名。特殊经络不直接关联脏腑，称为"奇经"，包括督脉、任脉等。足部穴位共 66 个，称为"人体的第二心脏"，影响全身健康，因此有"上病下治"的说法。

◆ 中医为什么又被称为"岐黄之术"？

"岐黄之术"是中医的别称，

源自轩辕黄帝和岐伯探讨医学的传说。《黄帝内经》是中医理论的源头，记录了他们的对话。黄帝时代还有名医俞跗（fū），擅长外科。他的医术曾被整理成书，但因火灾而失传，这可能是《黄帝外经》失踪的原因。

中医针灸最早起源于哪个时代？

针灸的起源可追溯至新石器时代，当时人们意外发现某些伤痛能缓解疾病，从而发展了这一疗法。最初使用砭石，后来演变为金属针。《黄帝内经》等古文献详细记载了针灸，至今仍是中医不可或缺的治疗方式。

中医拔火罐的原理是什么？

拔火罐是一种古老的中医疗法，最初用牛角筒吸脓血，后来改用竹、陶、玻璃罐。它通过形成负压吸附皮肤，促进血液循环，治疗风湿痛、肌肉劳损等多种疾病。因其操作简便、效果显著，一直流传至今。

"铃医"主要为哪些人服务？

铃医，也被称作走乡医或串医，是古代流浪于民间的医生。他们通常在乡村间巡回，住在寺庙里，为百姓治病。这些医生以仁义为本，用精湛的医术帮助患者，收费低廉，因此赢得了人们的信任和尊重。

北方人为何把医生称为"大夫"？

北方人习惯尊称医生为"大夫"，这一称谓源自古代的官职。自周代起，大夫分为上、中、下三级，秦汉时期有御史大夫等多种。至清代，文官也被称作大夫。随着官职称谓的普及，医生也被称为"大夫"，且特别读作"dài"，以区分官职。

"五禽戏"的创建者是谁？

五禽戏是一种模仿5种动物动作的健身方法，起源于华佗，旨在通过模仿熊、虎、猿、鹿、鸟的动作来达到强身健体的效果。它结合了动与静、刚与柔，有助于预防疾病和延长寿命。

《脉经》的作者是谁？

脉诊是中医诊断疾病的重要方法。西晋的王叔和将前人经验和自己的实践编成《脉经》，详细描述了24种脉象，推动了脉学的发展。《脉经》是中国最早的脉学专著，对后世影响深远。尽管原图已失，但其理论至今仍被广泛应用。

◆《黄帝内经》包括哪两个部分？

《黄帝内经》是我国最早的医书，分为《素问》和《灵枢》两部分，最早记载于《汉书·艺文志》。一般认为成书于春秋战国时期，是多位医家智慧的结晶。原书共162篇，唐代时《素问》的部分篇章遗失，后虽有补充，但部分内容为后人补写。

◆《伤寒杂病论》的主要内容是什么？

《伤寒杂病论》是张仲景在公元200年左右所著，主要探讨伤寒及其他杂病的治疗方法。这部作品后来被整理为《伤寒论》和《金匮要略方论》，成为中医学习的经典。书中核心理论为"六经辨证"，将伤寒症状按太阳、阳明等六经分类，为中医诊断提供了系统框架。

◆《洗冤集录》的作者是谁？

宋慈在南宋时期撰写的《洗冤集录》是全球首部系统的法医学著作，成书于1247年。书中详细论述了解剖学、死因鉴定、毒物检验等，其方法如区分自杀与他杀、毒物检测等至今仍具参考价值。

◆ 中国最早的药学专著是什么？

《神农本草经》是中国最早的药学著作，分为上、中、下三品，共记载365种药材。它详细记载了药材的采集、性质和医疗用途，以及如何配伍和制备。这部作品汇集了秦汉时期医家的经验，因以植物药为主而得名"本草"，并冠以"神农"以显其权威。

◆ 中国现存最早的老年医学专著是什么时候所著？

《养老奉亲书》，宋代陈直编写的，为老年人提供了全面的保健指导。这本书涵盖了饮食调理、精神养护、四季养生和日常起居，是老年医学领域的开创性著作。

◆ 中医的三种流派分别指的是什么？

中医在日本、朝鲜和中国各有不同的发展流派。中医在日本经过本土化，发展为道三派和古方派；朝鲜以《东医宝鉴》为基础，创立了四象医学；中国及海外华人地区的中医则基于《黄帝内经》和《伤寒论》，发展出六经八纲诊治法，并融合温病学和西医知识，构建了现代中医体系。

◆ 扁鹊的本名叫什么？

扁鹊，本名秦越人，是战国时期齐国的著名医生，被誉为中医方剂学的创始人。他师从长桑君，后来游历各国治病救人。扁鹊结合前人经验和个人实践，发展了"望闻问切"的诊断技术，对中医影响深远。

◆ 中医中哪个中草药被称为"国老"？

甘草在中药界被誉为"国老"，这一尊称源自南朝时期医药学家陶弘景。他因隐居茅山，被梁武帝尊为"山中宰相"。一次，梁武帝病重，陶弘景开出包含甘草的药方，称为"国老"，意指其能调和各药，梁武帝服用后康复。

◆ 麻沸散是古代哪个医师发明的？

华佗是东汉末年沛国人，以全面的医术和外科手术专长闻名，被誉为"外科始祖"。他最突出的贡献是发明了"麻沸散"，一种能使病人在手术中无痛的麻醉剂，比西方早1600多年使用麻醉技术，为手术麻醉的发展奠定了基础。

◆ 中药"牛黄"指的是什么？

牛黄，也被称作丑宝，是牛胆囊结石的干燥形式，以其金黄至黄褐色的外表和轻微苦后甜的味道而知名。中医用它来清热、解毒、平惊。牛黄稀有且昂贵，常以人工合成品替代，以满足医疗需求。

◆ 八段锦包括哪些动作

八段锦是一种古老的健身操，包含8个动作：双手上举，舒展全身；模仿射箭，拉伸两侧；手臂上举，调理脾胃；向后看，缓解劳累伤害；头部摇摆，消除内心烦躁；踮脚，振作精神；握拳瞪眼，增强力量；手触脚，强腰固肾。

◆ 有"药王"美誉的人是谁?

孙思邈是隋唐时期杰出的医学家,他的《千金要方》和《千金翼方》统称《千金方》,汇总了唐代以前的医药知识。《千金要方》提出了"复方"治疗概念,包含232个分类和5300个药方。《千金翼方》补充了新药物和疗法,记载了800多种药材。孙思邈因此被尊为"药王"。

◆ 被称为"中药宝库"的是哪本书?

李时珍耗时30余年编撰的《本草纲目》,于1578年完成,汇集了当时中国的药用知识。这部著作详细介绍了1892种药材和上万个药方。《本草纲目》以其精确分类和实用性,被称为"中药宝库",还被翻译成多种语言,全球传播,影响深远。

◆ 我国史书记载中有哪几位著名女医生?

汉代的义妁是我国首位被史书记载的女医生,被汉武帝召入宫中,成为皇太后的专属医生。晋代鲍姑以艾灸技术著称。唐代胡愔精于养生,绘制了人体五脏图。宋代冯氏以医术治愈孟太后,被封"安国夫人"。明代谈允贤服务于贵族,留下《女医杂言》。清代曾毅有独到医疗见解,著有《古欢室丛书》。

◆ 中国哪些地方是药材的主要产地?

中国各地以其特色药材而知名:吉林抚松的人参、山西平顺的党参、广西靖西的田七、河南新县的天麻、山东平邑的金银花、浙江桐乡的菊花、四川通江的银耳、山西平遥的山药等。这些地区因其药材资源丰富,被誉为各种药材的"故乡"。

第五篇
教育与官吏官制常识

　　教育制度是引领我们航行的灯塔，它为我们规划了学习的路径，让我们在知识的海洋中稳步前行。而官吏官制常识，则是历史长河中一颗璀璨的明珠，它记录了人类社会的管理智慧，展现了不同时代的社会结构与治理方式。作为小学生，了解这些教育制度和官吏官制常识，不仅能提高我们的历史素养，还能培养我们对社会运作的好奇心。

教育常识

◆ 什么是蒙学？

蒙学即启蒙教育。它的教学人群为4~12岁的儿童，多以私塾的形式开班讲学，学习目标包括两方面：一是让儿童养成良好的生活习惯和礼仪习惯，二是让儿童掌握基本文化常识，为深入学习打基础。

◆ 汉代的蒙学属于"经馆"还是"书馆"？

汉代的蒙学属于启蒙教育的范畴，它的学员大都是儿童，这个时期的教育以识字为目的，主要的教材是字书。因此，蒙学也被叫作"书馆"，蒙学的教师则叫作"书师"。

◆ 我国最早的学校是什么时候创办的？叫什么？

我国最早的学校是夏代创办的官学，有"庠""校""序"等名称，商代增加了"学"和"瞽宗"，周代延续夏商时期的校名。春秋时期，私学开始出现。

◆ 古代对学校都有哪些称呼？

古代对学校的称呼不胜枚举。夏代学校的称呼有"学""东序""西序""校"，商代学校称呼有"学""右学""左学""序"；汉代最高学府叫"太学"，宋代私学的称呼有"书院""私塾"……

◆ "及门弟子"和"著录弟子"分别是什么意思？

这两种称呼始于汉代。汉代私学经师开学讲课，那些亲自前往经师门下接受教育的弟子被称为"及门弟子"，也叫"受业弟子"；那些不能亲自前往听课，但将自己的名字著录于经师门下的弟子被称为"著录弟子"。

◆ 什么是"六艺"？

"六艺"是指礼、乐、射、御、书、数这六种技艺。

古书中所说的"大学"与现代的大学一样吗？

"大学"这个词语最早见于"四书五经"中的《大学》。古人认为"大学"指的是一种自我修炼和提升，因此它与现代汉语中作为高等教育机构的大学不是一回事。

"孔门四科"是什么？

"孔门四科"是后人根据孔子的教学内容和教育效果划分的4个门类，包括德行、言语、政事、文学。

古语中的"师范"和现代的"师范"意思一样吗？

古语中的"师范"和现代汉语中的"师范"意思并没有差别，都是"学习的榜样"的意思。

什么是宗学？

在古代，历朝历代统治者除了创办官学以外，还会创办专门教导皇族和贵族子弟的学校，这种学校就是宗学。因为服务对象为皇族和贵族，所以宗学不管是师资还是硬件设施都是首屈一指的。

什么是太学？

太学是由董仲舒提议、汉武帝创办的面向全国青年学子的国立最高学府。它设有专门的五经博士教授儒家经典，在不同历史时期学生数量有所不同。

古代的"教授"和现代的"教授"是一回事吗？

汉武帝时设立"太学博士"教授学生，这里的"教授"意为传授知识，是动词。它第一次作为名词出现是在宋代，此后的几朝都沿用该词，它既用于教师也用于官职，今天的教授则是大学教员，因此古今的"教授"不是一回事。

古代的"学士"和"博士"谁的等级高？

"学士"最早是指在学校读书的贵族子弟，而"博士"在秦代的时候已经是一种官职，因此最初的时候"博士"高于"学士"。"博士"的等级变化不大,"学士"从成为一种官职后地位逐渐上升,在唐宋时期超过了"博士"。

◆ 古代的哪种选官制度有特科和常科之分?

汉代的选官制度为察举制,它分为特科和常科两种类型。特科是指皇帝临时下诏举行的科目,在选拔的时候注重人才的德行。常科也叫"岁科",它定期举行,有规定的考试科目和具体的录用名额。

◆ "秀才"和"孝廉"一般是什么身份呢?

"秀才"和"孝廉"都是汉代察举制选官时的举荐对象。一般被选为秀才的人都是现任官吏,他们在被举荐以后大多被任命为县令等官职。孝廉一般是一些为官清廉的小官。

◆ "夫子"是尊称,为什么"老夫子"却成了一种戏称?

在古代,"夫子"是对老师的尊称,由于被称作"夫子"的人的年龄都比较大,因此人们便习惯用"老

夫子"称呼对方,这种称呼有时候也会被用于奉承的场合,因此所包含的意味也发生了改变,渐渐地成了一种戏称。

◆ 为什么老师也被称作"西席"呢?

汉明帝刘庄在太子时期就拜桓荣为老师,即使当上了皇帝也对桓荣非常尊敬。古代座次以坐西面东为尊,汉明帝每次到桓荣的府上听他讲解经文都请老师坐在西边以示尊敬,因此人们就把老师尊称为"西席"了。

◆ 古人对教师有哪些称呼呢?

古人对教师的称呼多种多样。先秦时期的"师资"、宋代的"师父""老师""夫子"等都是教师的尊称;"门馆先生""门客"是宋元两代对家塾老师的称呼;"学正"是指宋元明清时期的国子监老师……

◆ 什么是"五经博士"?

"五经博士"是西汉武帝时期设立的一个官职名称。为了利用儒家学说维护统治,汉武帝罢黜百家独尊儒术,尊《诗》《书》《礼》《易》《春秋》为五经,每经设置一名"博

士"来教授儒家经典，"博士"就是学官。

◆ 协办大学士是什么？

协办大学士是清代时期的一个官职名称。清代沿用明代的内阁制，在雍正时期设立了协办大学士这个职位，职责是在大学士不在内阁的时候代理大学士处理内阁政务，不属于常设职位，乾隆时期将它变成了常设职位。

◆ 古代官场上说的"同年"是指年龄相同吗？

"同年"在古代官场上并不是年龄相同的意思，而是在科举考试中被同榜录取的意思。

◆ 科举制度是由谁创立的？

科举制度是由隋炀帝创立的。隋朝为了加强中央集权决定由中央亲自选拔官吏。隋炀帝时期，他开设了进士和明经两个科目，决定以考试的形式来选拔官员，这是科举制正式诞生的标志。

◆ 科举取士的开始时间和废止时间分别是哪一年？

以科举取士的制度始于公元605年，当年隋炀帝杨广设置的考试中有一科为"文才秀美"，这个就是进士科。科举制度正式废除是在1906年。1905年袁世凯和张之洞上奏请求废除科举制度，推广学堂，奏疏获准并于1906年执行。

◆ 唐代时的"投卷"和"荐举"是怎么回事呢？

唐开元年间，礼部侍郎韦陟认为通过科举考试难以充分考察一个人的真才实学，于是开创了"投卷"之风。考生们可以将自己的作品"投卷"给礼部或者达官贵人，通过他们的"荐举"进入仕途，这是唐代科举的最大特点。

◆ 北宋中国四大书院分别叫什么？

中国四大书院指的是北宋时期最有名的四个书院，它们分别是位于今湖南善化岳麓山的岳麓书院、位于今江西庐山的白鹿洞书院、位于今河南登封的嵩阳书院和位于今河南商丘的应天书院。

◆ 童生试是什么？

童生试也叫"童试"，是明清两代特有的一种考试制度。要想参加科举考试，学子们就要通过童生试取得生员资格。童生试可以分为县试、府试和院试，不管参加其中的哪种都需要有人保举才可以。

◆ 唐代和五代时期的童子科有没有年龄限制？

唐代和五代时期的童子科的考察对象为天资聪颖的童子，因此对应试者的年龄有限制。初唐时期童子科的规定是 10 岁以下，唐宣宗时期将童子科的年龄调整为 12 岁以下，五代后唐时期又将童子科的年龄调整成了 15 岁以下。

◆ 宋代时期的书院是什么样的机构呢？

宋代的书院是集藏书、教学和研究功能于一体的教育机构。它属于私学，一般是由富人或者士人自费筹建的，培养学生的目的并不是参加科举考试。教学方式以自学为主、老师辅导为辅，更注重教育和学术研究。

◆ 为什么古人把考取进士第一名称为"中状元"？

进士第一名之所以被称为"状元"是因为进士榜上进士的排名是按照从第一名开始的顺序书写的，一甲第一名位于皇榜的榜首。古人把褒奖的文件称为"状"，"元"又有第一的意思，因此便把考取进士第一名叫作"中状元"。

◆ "榜眼"和"探花"的名称由来

在北宋之前，榜眼是指科举考试中的第二名和第三名，这两个名字并列在榜上，看起来像两只眼，所以叫"榜眼"，北宋末年的时候榜眼才专指进士第二名。"探花"最初是指为进士游园会采花的探花使，后来专指进士第三名。

◆ 殿试后怎样定甲第？

殿试是由皇帝亲自主持的最高级别的科举考试，殿试以后，皇帝会根据应试者的表现定甲第。其中一甲三名，赐进士及第；二甲若干名；赐进士出身；三甲若干名，赐同进士出身。

◆ "连中三元"是什么意思？"三元"指什么？

"连中三元"是指在科举考试的乡试、会试和殿试中都获得第一名的好成绩。"三元"是指乡试第一名的解元、会试第一名的会元和殿试第一名的状元。在一千多年的科举历史中，连中三元的情况只出现过17次。

◆ 科举中的武举都考什么？

朝代不同武举考试的内容也不一样。唐代武举主要考骑射、步射、举重等技术；宋代武举先考步射和骑射，后考文化；元代不设武举；明代武举先考谋略，合格以后才考武艺；清代武举考骑射、力气、武艺等，合格还要笔试。

◆ "登龙门"和"跃龙门"一样吗？

"登龙门"和"跳龙门"是一回事，都是借助"鲤鱼跃龙门"的故事来形容科举考试的艰难。

◆ 进士三甲在被授予官位时待遇有什么区别？

在授予进士官位的时候，一般一甲和二甲中成绩较好的人可以直接进入翰林院，二甲中剩余的人要么进入中央各政务机关，要么在翰林院当庶吉士再历练几年才能正式做官，三甲的人大部分会直接任命为知县、县丞这种地方官。

◆ "上品无寒门"这种情况出现在什么时期？原因是什么？

"上品无寒门"这种情况出现在魏晋南北朝时期，这与当时的选官制度"九品中正制"有关系。中正制将人才分为9个品级，但是由于选拔的时候重家世、轻德行，所以上品的几个品级都被世家大族占据，没有出身寒门的人。

◆ "秀才"的含义是什么？

"秀才"最初是指英才，汉代时是指被察举的优秀人才，隋代时科举考试也被叫作"取秀才"，从此秀才就成了读书人的代称。

◆ 为什么乡试叫作"秋闱"？

科举考试中的乡试之所以被叫作"秋闱"和它的考试时间有关系。

乡试每三年举行一次，时间在八月，此时正是秋天，古人把考场称作"闱"，因此就把秋天举行的乡试叫作"秋闱"。

◆ 殿试是从什么时候开始变成科举考试的必经程序的？

殿试是由唐代的武则天创立的，但在当时并不是定制。直到宋太祖时期，由于他在殿试中发现有人名不副实，还有举子敲登闻鼓举报考试不公，于是便下令重新开始，亲自阅卷，从此以后殿试就成了科举考试的必经程序。

◆ "八股文"是什么？

八股文也叫"八比文"，是明清科举考试中的指定形式。它的题目要求必须使用"四书五经"的原文，内容必须以程朱理学的注释为准，体裁则要求严格按照破题、承题、起讲和"四比"的格式进行，严重限制了人的思想。

◆ 明清时期的"八股取士"有什么特点？

明宪宗成化年间改革了科举制度，规定八股文为科举考试的主要内容。八股文不管是从形式上还是从内容上都有十分严格的要求，只注重对仗工整而不注重实际内容，并且只围绕"四书五经"考试，严重脱离实际，不具备选拔人才的作用。

◆ 明代的科举分为几级？

明代的科举分为乡试、会试和殿试三级。乡试也叫"秋闱"，每三年举行一次，由南、北直隶和各布政使司主持。会试也叫"春闱"，由礼部主持，在乡试的第二年举行。殿试则在会试当年举行，由皇帝亲自主持，录取前三甲。

◆ "帖经"的考核方式是什么？

"帖经"是科举考试中明经科的主要内容，进士科偶尔也会涉及。它主要考核应试者对于经文的精通程度，在考试的时候会遮住经文的一部分内容，让考生填写被遮住的部分，与现代语文的填充题类似。

◆ 科举考试中的"甲榜"和"乙榜"有什么不一样？

科举考试中所说的"甲榜"和

"乙榜"代表了不同等级的考试。殿试考中称为"甲榜",也叫"金榜",乡试考中称为"乙榜",也叫"一榜"。那些通过乙榜中举又通过甲榜中进士做官的人则被称为"两榜出身"。

◆ **科举考试中什么时候有了密封考卷的制度?**

科举考试密封考卷的方法始于唐代武则天当政时期,但是由于这个制度遭到了一些士族主司的反对,不久便停用了。直到宋太宗当政时期,密封试卷的制度才被重新启用并逐步推广。

◆ **"新郎官"的称呼和科举考试有什么关系呢?**

唐代时期"郎"是官职的泛称,科举考试中进士则意味着要入仕为官,因此人们便用"新郎官"来称呼新科状元。由于娶妻与金榜题名同为人生幸事,人们便把结婚叫作"小登科",把新婚男子称为"新郎官"。

◆ **为什么古人用"公车"称呼应试举人?**

古代的举子们在乡试通过之后都要进京去参加会试。为了凸显对科举考试以及人才的重视,古代就有了用公家车马送应试举人进京考试的传统。久而久之,人们便用"公车"来代指应试举人了。

◆ **在古代能中进士的人是什么样的人才?**

进士的原意为"可以进授爵位之人",是人们对殿试及第者的称呼。殿试是科举考试的最高一级,如果在科考中想要进殿试可以用千军万马过独木桥来形容。殿试的一甲一共三人,赐进士及第,可以说是最顶尖的人才了。

◆ **只要考中进士就可以用"及第"这个词吗?**

并不是考中进士就有资格说"及第"。那是因为殿试前三甲都叫作进士,但是只有一甲的三人才会被赐"进士及第",二甲被赐"进士出身",三甲被赐"同进士出身"。

◆ **为什么中进士叫"金榜题名"?**

由于殿试是由皇帝亲自主持的,在古代黄色是帝王的象征,因此在发进士榜的时候会使用黄纸填写,颜色看起来金灿灿的，犹如黄金一样，因此古人便将进士榜称为"金榜"，把中进士称为"金榜题名"。

◆ 明代"南北榜"案的来龙去脉是什么？

明洪武三十年春天，礼部会试，刘三吾、纪善、白信蹈主考，中榜的都是南方人，北方学子联名上疏，朱元璋命张信复审，结果不变。北方学子再次上疏称张信受刘三吾等人嘱托，故意为之，朱元璋盛怒之下处死白信蹈和张信，将刘三吾发配。当年夏天，朱元璋亲自策问，最终录取 61 人，这 61 人全是北方人。这就是"南北榜"案。

◆ 清代的县试流程是什么？

清代的县试是指由各县县官主持的考试，也被叫作"县考"。要想参加考试，考生们首先需要到本县礼房报名填写个人信息，还要请廪生为自己作保才有考试资格。考试分 5 场，分别考八股文、试帖诗、经论、律赋等内容。

◆ "倒楣"与科举考试有什么渊源？

明代的"八股取士"以及严重的考场舞弊等因素都增大了学子中举的难度。为了讨个好彩头，很多江浙地区的考生会在门前竖一根旗杆，当地称为"楣"，中举了就不动旗杆，落榜了就把旗杆撤走，"倒楣"这个词由此产生。

◆ 古代参加科举的考生为什么很多人怀揣泥塑的魁星？

魁星即奎星，它是二十八星宿之一。按照我国古代的星宿学说，魁主文章，而且"魁"字又有"第一"的意思。为了求魁星保佑，取"独占魁首"的好彩头，很多考生会怀揣泥塑的魁星。

官吏官制常识

◆ 什么是征辟制？

征辟制是由汉武帝推行，两汉都使用的一种自上而下的选官制度。征辟制可以分为"征"和"辟"两种形式。"征"指的是朝廷征聘一些社会名流入朝为官，"辟"则是指长官自行辟除选官，二者的行为主体不一样。

◆ 察举制是怎样发展成选官常制的？

汉高祖刘邦所下的"求贤诏"是察举制的雏形。汉文帝下诏要求举荐贤能之人，并定下"对策"对这些被举荐的人进行考核，察举制正式开始。汉武帝规定了统一的选才标准和考试方法，至此察举制才真正成为一种选官常制。

◆ 清代官员为什么要戴顶戴花翎呢？

顶戴花翎是指清代官员所戴的帽子的帽顶及其装饰物。封建社会具有严格的等级制度，顶戴花翎就是封建等级制度的产物。官员等级不同顶戴花翎也不一样，通过顶戴花翎就可以一目了然地判断出官位的高低，是地位的象征。

◆ 文官和武将是从什么时候开始分开的？

因为担心文武双全的官员会威胁君权，从战国时期开始统治者就开始将文官和武将分开，双方各司其职。

◆ "衙门"这个词是怎么来的？

"爪牙"最初是指地位重要的将领，君王很爱重这些将领，便将象征猛将的猛兽爪牙放在办公场所，后来干脆直接摆放在了军营门口，"牙门"一词就此产生，成了官府的代名词。"牙门"变成"衙门"则是以讹传讹的结果。

◆ 我国的爵位制度和西方的爵位制度有关系吗？

中国的爵位制度与西方的爵位

制度之间不存在传承关系。有史料记载，早在黄帝时期我国就有了"公侯伯子男"的爵位制度。我们在文学作品或文艺作品里看到的西方的爵位名词是为了便于理解按照汉语文化术语进行的翻译。

◆ "三公九卿制"中的"三公"和"九卿"分别指什么？

三公九卿制是秦统一六国以后实行的中央集权的决策体制。丞相、太尉和御史大夫并称"三公""九卿"则是指奉常、廷尉、治粟内史、典客、郎中令、少府、卫尉、太仆和宗正等 9 个官职。

◆ "三省六部制"是什么时候创立的呢？"三省六部"分别是指哪些部门？

三省六部制是我国古代封建社会的一套完整而严密的中央官僚制度。它初创于隋代，在唐代得到了完善。其中"三省"指的是门下省、中书省和尚书省，"六部"则是指吏部、户部、礼部、工部、刑部、兵部 6 个部门。

◆ 古代的"丞相"和"宰相"是一回事吗？

宰相和丞相虽然都是指最高的行政长官，但是二者之间有一些区别。宰相并不是官职名称，丞相却是。"丞相"这一官职开始于战国时期，秦始皇统一六国以后也设立了左、右丞相，直到明太祖朱元璋时期丞相制被废除。

◆ 在古代，什么人可以戴白纱帽？

白纱帽也叫白纱高顶帽，起源于南朝，是一种只有皇帝才可以戴的帽子，是皇帝的标志。在古代，皇太子作为储君在自己的屋子里可以戴白纱帽，但是在见皇上的时候却不可以戴白纱帽，只能戴乌纱帽。

◆ **现代的"省"与古代的"中书省"有关系吗？**

我们现在的地方一级行政单位"省"与"中书省"有一定的渊源。元代实行行省制度，中央行政机关叫"中书省"，地方各行政区域设"行中书省"作为中书省的派出机关，简称"行省"，现代的"省"由此演化而来。

◆ **明代官服为什么要绣禽兽图案和其他图案呢？**

明代官服上绣有"禽兽"是为了方便区分文官和武官，其中文官官服绣禽、武官官服绣兽。官服上的其他图案则是官服做好以后补缀上去的，叫作"补子"。"补子"的图案和官员的官阶相对应，有严格的规定，不得随意更改。

◆ **"乌纱帽"为什么会成为官位的别称？**

乌纱帽起源于东晋的宫中，南北朝时期流行于民间。此后虽然各个阶层的人都可以戴乌纱帽，但各朝代的官员戴的乌纱帽也有所不同。明太祖朱元璋时期有了官员上朝和办公必须佩戴乌纱帽的硬性规定，因此它成了官位的别称。

◆ **古人为什么把做官叫"释褐"？**

在古代，地位低下之人所穿的衣物多用兽皮、葛等制作，颜色为褐色，因此便用"褐"来代指平民。"释"的意思是脱下、放下。做官意味着实现了阶级跃层，不再是平民，因此古人把做官叫"释褐"。

◆ **古代官员的考勤制度是从什么时候开始的？**

古代官员的考勤制度是从清代开始的。最开始清政府想要通过设置"画到簿"来约束官员的出勤，但是基本上形同虚设。后来清咸丰皇帝成立了总理衙门，其职责之一就是考核官员出勤情况，这就是历史上考勤制度的开始。

◆ **古代官员的上朝时间是什么时候？**

根据《诗经》的记载，最初官员上朝的时间是以鸡鸣和天亮为参照的。后来，上朝的时间段逐渐被定在了每天的卯时，散朝的时间则一般是在辰时。

◆ **有哪些词语是描写古代官员任职和离任的?**

在古代,官员初到某一个地方为官被称作"下车"或者"到官",出任某一个职务称为"就",到职工作叫作"视事"。年迈的官员请求辞职叫"乞骸骨",退休则被叫作"致仕"。

◆ **有哪些词语是描述古代官员授职荐举的?**

古代官员授职常用的词语有授、拜、征、召等,其中"征"特指的是君召臣,也就是君王征聘社会知名人士做官。古代官员荐举常用的词语有举、辟、进、选等,其中"辟"指的是先由中央官署自行辟除选官的方式。

◆ **有哪些词语与古代官员的升降任免有关系?**

古代涉及官职升降任免的词语非常多,如擢代表提拔,升代表升迁,超擢、超迁代表越级提拔,起复代表重新启用官复原职,罢、免、黜都代表被免去官职,放用于京官去外地任职,左迁指贬官,革、褫则为革职查办的意思。

◆ **什么是世卿世禄制?它是什么时候被废止的?**

西周统治者为了笼络亲属和功臣创立了世卿世禄制,它是一种贵族阶级世代承袭官职、享受财物的特权制度。商鞅变法时期秦国推行以军功大小定身份高低的制度,废除了世卿世禄制。

◆ **古代的"射策"是干什么的?**

射策是汉代通过考试取士的方法之一,它的考试内容主要为经术,所提出的问题有难易之分,最后按照成绩择优录取安排官职。魏晋南北朝时期也将选取官员的察举和明经中的经术考试称为"射策",也叫"对策"。

◆ **宰相首次作为官制是在哪个朝代?**

宰相作为官制出现是在秦代。

秦始皇统一六国之后，废除了分封制，设立了郡县制，统治方式与之前相比发生了巨大的改变，这就需要建立一套完整的官僚体系，并借助宰相大臣辅政来维护统治，宰相制度应运而生。

◆ 节度使出现于哪个朝代？

公元 711 年，唐睿宗李旦任命贺拔延嗣为凉州都督。为了防止吐蕃入侵，唐睿宗宣布设立河西藩镇，同时任命贺拔延嗣充河西节度使，从此就有了节度使这个官职名称。

◆ "提刑官"的职责范围有哪些？

"提刑官"是宋代特有的官职，是"提点刑狱公事"的简称。"提刑官"的职责范围很广，包括监督地方官吏，督察、审核疑难案件，审问囚犯，对有渎职行为的官吏进行弹劾，核准死刑，接受上诉，维护地方治安等。

◆ "九品中正制"是谁制定的？

为了解决大地主贵族和中小地主以及知识分子在选官制度方面的矛盾，魏文帝曹丕于黄初元年采纳陈群的建议制定了九品中正制，任命中正官以家世、道德和才能为标准将人才划分等级来选拔官员。

◆ 翰林学士的工作内容有哪些？

唐宋时期翰林学士主要在内廷帮皇帝起草诏书等重要文告，但在宋代他们的地位逐渐下降。明代时他们主要在外朝负责修史、著书等工作。在明代的基础上，清代的翰林院学士还要记录皇帝的起居注、讲进经史和草拟文件。

◆ 知府官大还是知州官大？

知府和知州被同时任命为正式官职的只有明清两代。在当时，相当于知府的被称为直隶州知州，是正五品官，知州则是从五品官。虽然同为五品，但正五品要大于从五品。因此，与知州相比知府的官更大。

◆ 什么是"捕快"？

"捕快"最初分别是指捕役和快手，其中捕役负责捕拿强盗土匪，快手负责动手擒贼。由于他们的工作性质相似，在明清时期就将二者合称为"捕快"，负责缉捕罪犯、传唤被告和证人、调查罪证等工作。

◆ 古代言官的职责有哪些？

古代的言官是监官和谏官的统称，它的职责主要为"监"和"谏"两项内容。"监"是指代表皇帝监察官吏是否有行事不当之处，"谏"是指对皇帝的不当之处直言劝谏并使其改正。

◆ "天府"是什么官？

"天府"一词最早见于《周礼》，是一个官职名称。它的主要职责是掌管祖庙的珍宝和库藏，在大祭大丧等重要仪式上将这些珍宝和库藏陈列出来，仪式完成之后再将它们收回保存。

◆ 古代"州"的长官怎么称呼？

"州"最早作为地方行政区出现是在东汉时期。早在西汉武帝时期，就把全国的 13 个监察区称为"州"，其长官被称为"刺史"或者"州牧"，东汉沿用了这个称呼。如益州牧刘璋、荆州牧刘表等。

◆ 锦衣卫是谁设置的？有什么标志？

明洪武十五年，即公元 1382 年，明太祖朱元璋正式设置锦衣卫。它的全称是锦衣亲军都指挥使司，雅称为"缇骑"，前身为朱元璋设置的"拱卫司"。锦衣卫的三大标志性特征为飞鱼服、鸾带和绣春刀。

◆ 古代的钦差大臣是干什么的？

"钦差大臣"也叫"钦差"，是明清时期的一种非正式、非常任的临时官职。钦差大臣受皇帝的直接派遣，专门去某些地方办理一些重大的事情，权力非常大。

◆ 都督和提督一样吗？

都督和提督不是同一种官职。都督的设置始于东汉末年三国时期，是指领兵打仗的统帅。在不同的朝代名称略有不同，清代被废除。提督则是明清两代的官名，在明万历时是总兵以上的武官名，在清代则为一省的高级武官。

◆ **在古代，怎样通过座次判断官场尊卑呢？**

　　从上下来看，古代官场位高者在上位，位低者在下位。从左右来说，位高者坐于左，位低者在右。此外，古代的建筑有堂和室之分，在堂上以南向为尊，在室的尊卑顺序则为坐西面东、坐北向南、坐南面北、坐东面西。

◆ **古代官员有休假吗？**

　　古代的官员是可以休假的，但是朝代不同，休假制度和福利也是有所不同。例如西汉时官员5日一休假，休假时要洗澡更衣、修发刮脸，东汉时虽然也是5日一休沐，但可以回家探亲。休假天数最多的当属宋代，有98天之多。

◆ **古代有"退休"这一说法吗？**

　　古代官员的退休制度最早可以追溯到春秋时期，"退休"这个词则最早见于唐宋时期的文学典籍。退休在古代也被称为"致仕""致政"或"致事"，是"还禄位于君"的意思。

◆ **古代官员多少岁可以退休呢？**

　　从春秋时期到元代，官员的退休年龄一般为70岁，明清两代逐渐改为60岁。清代不同职务的官员退休年龄也不同，总体规律为级别越低退休越早。此外，历史上也有很多提前退休、延迟退休的个例。

◆ **古代的"政府"是什么？**

　　"政府"一词最早出现于唐代。唐代实行"三省六部制"，"三省"是指中书省、门下省和尚书省，三省长官日常办公的地方被称作"政事堂"，也叫"政府"。

◆ **明代的"厂卫"指什么？设置目的是什么？**

　　"厂卫"是明代由皇帝直接管理的各种侦讯机构的总称，包括锦衣卫、东厂、西厂和内行厂等。这些特务机构虽然设置的时期不同，但设置的目的都是为了镇压人民和监视官员，具有独立执法的特权。

◆ **"八旗制度"中的"八旗"是怎么来的？**

　　八旗制度是努尔哈赤在统一女真的过程中创立的兵民一体、军政合一的政治制度。1601年，努尔哈赤整编了原有的牛录制度，设置黄、白、红、蓝四旗，1615 年又增加了镶黄、镶白、镶红、镶蓝四旗，至此八旗制度正式形成。

◆ **"尚方宝剑"什么时候成为皇权的象征的？**

"尚方宝剑"是由"朱云折槛"这个故事中朱云所说的"尚方斩马剑"演化而来的，在故事中代指皇权。它真正作为皇权的象征是在明代，当时朱元璋将御史台改为都察院，赐以监察御史"尚方宝剑"，代行监察地方官僚之责。

◆ **为什么古代处决犯人选在秋天？**

古人一般在秋季处决罪犯是因为他们认为行刑应顺应天道，春夏是万物生长的季节，不宜杀伐，而秋冬是肃杀蛰伏的季节，可以行刑。

西汉董仲舒提出"先德而后刑"的观点，将"秋决"制度化，一直沿用到清代。

◆ **谁是我国历史上最早提出创建监狱的人？**

"上古四圣"之一的皋陶被认为是我国最早提出创建监狱的人。他主张将法治与德治相结合，是上古时期伟大的政治家、思想家、教育家，被认为是"司法鼻祖"。

◆ **"三堂会审"中的"三堂"是什么？**

"三堂会审"中的"三堂"指的是刑部、大理寺和御史台，它们合称"三法司"。

◆ **午门是哪里？"午门斩首"的说法是怎么来的呢？**

午门是紫禁城的正门，因其居中向阳、位当子午而得名。它是明清两代皇帝举行重大仪式和对大臣实施"廷杖"的地方。由于历史上曾有过对大臣行"廷杖"之罚致死的例子，因此民间才有"推出午门斩首"的说法。

第六篇

节令风俗与衣食住行常识

　　节令风俗与衣食住行文化，是民族记忆的宝库，它如同一幅丰富多彩的画卷，展现着中华民族悠久的历史与深厚的底蕴。传统节日里，我们品味着春节的喜庆、中秋的团圆，感受着家国情怀的温暖；风俗礼仪中，我们学习着尊老爱幼、礼貌待人的美德，传承着中华民族的传统美德；衣食住行里，我们体验着汉服之美、饮食之韵，品味着中华文化的独特魅力；休闲生活中，我们享受着茶艺、书法、围棋的乐趣，体会着传统文化的博大精深；姓名称谓中，我们探寻着家族的传承与血脉的延续。让我们一同走进传统文化的殿堂，感受那分穿越时空的恒久魅力。

传统节日

◆ **腊八有什么习俗?**

"腊"是一种答谢祭礼,感谢祖先神明保佑我们度过风调雨顺的一年。腊祭在每年的十二月初八举行,故称腊八节。腊八节的主要祭祀活动包括供献天帝、祭祀神灵、祭奠祖先、驱鬼禳灾等,民间还有"赤豆打鬼"和吃"腊八粥"的习俗。

◆ **小年是哪一天?**

小年,象征一年的结束,是人们开始准备迎接新年的日子。北方小年为腊月二十三,南方为腊月二十四。小年习俗为祭灶和扫尘,随着时间推移,旧时灶台消失,祭灶习俗也不再盛行。而扫尘作为祈求平安的习俗,被保留至今。

◆ **除夕有什么讲究?**

除夕是新年的前一天,意思是驱逐"疫疬之鬼"。除夕夜全家人要聚在一起吃年夜饭,意味着阖家团圆。除夕宴也很有讲究,北方必吃饺子,寓意"团圆美满";南方必做鱼,象征"年年有余"。此外,家家户户做年糕,取"年年高"之意。

◆ **春节有哪些庆祝活动?**

春节是指农历正月初一,新年的第一天。春节也叫过年,是一年中最重要的节日。传统意义上的过年从腊八节持续到元宵节,以除夕和春节为高潮。春节期间有丰富多彩的庆祝活动,包括贴春联、放鞭炮、舞龙舞狮等。

◆ **人们如何庆祝元宵节?**

正月十五元宵节,古称上元节,是新年伊始的第一个满月之日。节日当天,家家户户挂彩灯,放鞭炮,吃元宵。元宵节晚上会举办盛大的灯会,除了游园赏灯、猜灯谜,还会有舞龙舞狮等热闹非凡的庆祝活动,统称"闹元宵"。

◆ **春龙节是哪天？**

　　春龙节，农历二月初二，因为靠近惊蛰，民间还有"二月二，龙抬头"的说法。惊蛰，意思是万物被春雷惊醒，古人相信，作为神兽的龙也不例外。神龙被春雷惊醒，便是二月二春龙节的来历。春龙节的习俗有吃龙须面和做龙鳞饼。

◆ **社日是什么节日？**

　　祭祀灶神的日子分为春社和秋社。春社是在立春之后的第 5 个戊日，人们会举行祭祀，祈求庄稼有个好收成；而秋社则是在立秋之后的第 5 个戊日，用来感谢神灵保佑，并庆祝庄稼的丰收。

◆ **禊日是哪一天？**

　　古时，人们每年三月都会来到水边，用浸泡了香草的水沐浴，以此来驱除疾病。这种祭祀仪式叫作"禊"或"祓禊"，这一天为"禊日"。汉代以前，人们将每年"上巳"定为禊日；三国以后，禊日则固定在每年农历三月初三。

◆ **寒食节是怎么来的？**

　　"寒食节"在冬至后的第 105 天，是春秋时期晋文公为悼念介子推而定立的。相传，晋文公即位后，跟随他的臣子纷纷邀功请赏，只有介子推隐居绵山。晋文公放火烧山，请他出仕，介子推宁愿烧死也不下山。事后，懊悔不已的晋文公下令每年这天禁烟火，以示悼念。

◆ **清明节的习俗是什么？**

　　清明节通常在公历 4 月 5 日或 6 日，因为从这时起天气转暖、草木发芽，所以叫清明。清明节的一项重要活动是扫墓，人们会准备好祭品鲜花，来到已故亲友的墓前祭拜，这个习俗由来已久，可以追溯到周朝。

◆ **端午节是为了纪念谁的？**

　　农历五月初五端午节，起初是龙的节日，后来屈原在五月初五以身殉国，端午节就变了纪念屈原的节日。赛龙舟、吃粽子等纪念龙的习俗，也变成了祭吊屈原。五月是初夏，容易发生疫病，因此端午节还有饮雄黄酒和挂艾草、菖蒲驱邪的习俗。

◆ 火把节是怎么来的？

火把节是彝族的传统节日。相传，彝族的摔跤英雄摔死了天上的摔跤手。老天为了报复放下天虫，侵害庄稼。这时，勇敢的摔跤手带着大家点火把消灭天虫。后来，彝族人民把每年6月24—26日定为火把节，用举火把、摔跤等活动来纪念这位英雄。

◆ 雪顿节有什么规矩？

雪顿节是藏族传统宗教节日，从藏历6月29日持续到7月5日，节日期间人们观看藏戏演出，并且品尝酸奶。"雪顿"藏语意为喝酸奶，藏传佛教规定僧人在夏天的几十天内不准出门，解禁后，僧人会走出寺庙，依靠百姓施舍的酸奶度日。

◆ 七夕节有什么习俗？

七夕节是中国的传统节日，源于牛郎织女的传说，时间是每年农历七月初七。从汉代开始，七夕便有"乞巧"的习俗，女孩晚上在院子里摆上瓜果，向织女祈求巧技。祈求的内容除了让自己心灵手巧，还可以长寿、幸福等。

◆ 中元节的习俗是什么？

农历七月十五是中元节，民间俗称"鬼节"。传说这一天鬼门大开，过世的先祖可以来到人间看望亲人。因此，中元节的习俗就是纪念祖先，为逝去的亲人祈福。这一天，寺庙会举办盂兰盆法会，超度亡魂。

◆ 中秋节为什么又叫"团圆节"？

中秋节，是仅次于春节的第二大传统节日。每年农历八月十五，分散各地亲人团聚一堂，故中秋俗称"团圆节"。中秋的起源十分古老，可能是先民的拜月习俗或秋祭。中秋赏月、吃月饼的习俗由来已久，相传月饼就是唐玄宗神游月宫后的创造。

◆ 重阳节有哪些节日习俗？

农历九月初九为重阳节，节日习俗有登高、喝菊花酒等。相传东汉时期的桓景因不忍见乡人在九月初九被瘟魔折磨，入山向费长房求教。费长房说登高，佩戴茱萸，喝菊花酒就能驱走瘟魔，消除灾厄。自此，重阳登高的习俗代代相传。

◆ **泼水节一般怎么庆祝？**

泼水节是傣族新年，一般在清明后十日左右举行庆祝活动，节日期间，人们相互泼水祝福，举行拜佛、赛龙舟等活动。

风俗礼仪

◆ **五礼指什么？**

五礼是汉族古礼的总称，包括吉礼、凶礼、军礼、宾礼、嘉礼。吉礼，是祭祀天地鬼神的礼仪活动。凶礼，是与国丧相关的礼仪活动。军礼，是与军事活动相关的礼仪活动。宾礼，是与外交和社交方面的礼仪活动。嘉礼，是关于国家的喜庆活动的礼仪。

◆ **寿桃是什么时候出现的？**

寿桃是最典型的民间寿礼。相传，孙膑回家为母亲贺七十大寿前，老师鬼谷子给他一颗桃当寿礼，母亲吃下桃子后返老还童，这时人们才知道这是一颗"仙桃"。他们也想在父母生日时送上鲜桃，表示祝愿。但鲜桃不常有，于是人们做出了一种酷似仙桃的面点——寿桃。

◆ **生日吃寿面的习俗起源于什么时候？**

生日吃寿面的习俗始于西汉时期。汉武帝沉迷寻仙问道，有一次他说人中1寸长，人能活100岁。东方朔笑说："彭祖800岁，脸得多长？"众人大笑，想长寿不能靠脸。又有人说："脸就是面"，自此长寿面就变成了祝福长寿的象征。

◆ **报喜有什么风俗？**

报喜，是传统民俗中关于新生儿的礼俗。先秦时，生男孩叫"弄璋之喜"，寓意前程远大；生女孩叫"弄瓦之喜"，祝福心灵手巧。在湘西，女婿要备好酒、肉、糖、鸡到岳父家报喜。晋北则是在门外贴一对剪纸，男孩是葫芦，女孩是梅花。

◆ 百日礼的特色是什么？

新生儿出生百天，做百日礼，民间也叫"过百岁""百禄"。百日礼的特色是穿"百家衣"，佩"百家锁"。百家衣是集百家旧衣碎布裁剪而成，同理，百家锁也是集百家金银打造，锁面有象征长命百岁的吉祥图案或文字。

◆ 抓周是什么时候开始出现的？

抓周礼起源于南北朝时期，孩子满周岁时，会被放在一堆物品中间，父母会根据孩子抓取的事物预测孩子未来的兴趣和成就。这种预测方式没有科学依据，家人准备的物品都是有吉祥寓意的，抓周礼的主要目的其实是表达对孩子的美好祝愿。

◆ 为什么要给小孩压岁钱？

压岁钱历史悠久，最早叫压胜钱，是铸造成钱币形状佩戴的辟邪饰品。古代立春日称春节，有撒钱辟邪的习俗，后来春节改为正月初一，撒钱习俗也演变成给小孩压岁钱的习俗。压岁钱形式各异，但都饱含长辈的祝福。

◆ 舞龙的习俗是怎么来的？

舞龙习俗起源于古人的图腾崇拜，龙作为中国传统文化中最重要的神兽，是掌管雨水的神。古人相信在节日庆典上，用舞龙的方式来祈求神龙，可以保佑未来的一年风调雨顺、五谷丰登。

◆ "打牙祭"一种什么样的习俗？

"打牙祭"是四川等地的祭祀习俗。该词在四川等地区使用广泛，原本指的是一种与祭祀相关的吃肉行为，包括与厨师祖师爷易牙的祭祀、祭神祭祖后的分食祭肉，以及军营中祭牙旗后分食祭肉等，均反映了这些地区丰富的文化和祭祀传统。

◆ "丧事"为何称作"白事"？

"丧事"被称作"白事"，源于中国传统文化中白色所象征的死亡与凶兆。古人认为白色代表枯竭无血色、无生命，且秋季为白虎主杀之时，白色因此成为禁忌色。服丧期间穿白色孝"服、设白色灵堂等习俗，使得与白色相关的"丧事"被称为"白事"。

◆ 六礼是什么？

"六礼"是传统的婚俗礼仪，至今已有两千多年的历史，包括纳采、问名、纳吉、纳征、请期、亲迎。纳采，即求婚，以大雁为聘礼。女方收下礼物，双方做进一步了解，即"问名"。期间要批八字，称为"纳吉"。八字相合，男方到女方家中"请期"，确定婚礼日期。婚礼前一天，男方将彩礼送到女方家中，为"纳征"。婚礼当天，男方前往女方家中"迎亲"。

◆ 鞭炮是怎么来的？

鞭炮在古时被称作"爆竹"。古人在除夕夜燃烧竹筒，用竹子燃烧爆裂的声音驱赶鬼怪。发明火药后，将火药填装纸筒引爆，依然使用"爆竹"这个名字。宋代时，火药改为硫黄，爆竹用引线连接，点燃后响声连绵不断，叫作爆仗，也就是今天的鞭炮。

◆ 人们为什么要祭祀社神？

社神，也叫土地神、福德正神，是我国民间广泛信仰的神祇。社神信仰源自对土地的原始崇拜，古人将土地神和祭祀土地神的场所都称作"社"。春种秋收，都要立社祭祀，祈求风调雨顺，感谢土地神赐予的丰收。

◆ 人们为什么要贴门神？

传说唐太宗生病后能在梦中听到鬼魅的叫声，无法安睡。大将秦琼和尉迟恭得知此事，穿上盔甲拿起兵器，夜里为唐太宗守门。此后，唐太宗再没梦到过鬼怪。事情流传到民间，人们开始把两人的画像贴在门上，驱邪避煞，这就是门神的由来。

◆ 人们为什么要祭灶神？

灶神，俗称灶王爷，传说他会

在大年初一到天庭汇报自己一年的所见所闻，民间腊月二十四祭灶神的习俗就来源于这个传说。人们在灶台上摆放酒肉、饴糖等丰盛的祭品，希望灶王爷酒足饭饱后，上天说自己的好话。

◆ 踩高跷是怎么来的？

原始社会，为了采摘高处的果实，古人会在腿上绑两根木棍增加高度，这就是高跷的雏形。春秋时期，高跷已经发展成一种杂技，艺人游走各国表演。后来，高跷杂技流入民间，难度和内容逐渐丰富，发展出了高跷秧歌和高跷戏。

◆ 五福临门中的"五福"是什么？

蝙蝠与福谐音，在中国传统文化中一直是好运和幸福的象征。民间绘画雕刻中经常会出现五只蝙蝠互相环绕的图案，这就是人们常说的五福（蝠）临门。五福分别是长寿、富贵、康宁、好德和善终，代表了人们对幸福的向往。

◆ 第一副对联是怎么来的？

贴春联是春节的传统习俗。我们现在熟悉的春联，是从古代的桃符演变而来的。古人有在门上贴桃符驱邪的习俗，五代十国后蜀宫廷开始在桃符上题写联语。相传，历史上第一副对联是后蜀孟昶的"新年纳余庆，佳节号长春"。

◆ "福"字为什么要倒贴？

每年春节，"福"字倒着贴已经成了一种传统，取福到家门的吉祥寓意。这种贴法，源自清代恭亲王府的一则轶事。不识字的仆人过年时，把福字贴反了，要受惩罚。管家急中生智："福倒福到，这是好兆头啊。"此后，民间也开始流行这种贴法。

◆ 左右与尊卑有什么关系？

在传统文化中，左右不仅代表方位，也显示尊卑。由于各朝代的礼仪风俗不同，左右尊卑的对应关系也会发生变化。夏、商、周、晋、南北朝、五代十国时期是文官尊左，武将尊右；秦、唐、宋、明时期以左为尊；汉、元、清以右为尊。

◆ **作揖是什么时候出现的？**

作揖，即拱手礼，行礼时两手抱拳前举，模仿奴隶戴枷锁时的样子。这种礼节最早出现于商末周初，在奴隶主和自由人之间流行，意思是愿意做对方的奴隶，为对方服务，是礼貌友好的表示。

◆ **因对象不同，作揖分为哪些揖礼？**

作揖，是古人见面时最常用的礼仪。周礼中，根据双方地位和关系，作揖分为土揖、时揖、天揖、特揖、旅揖、旁三揖。更重的礼节是作揖后鞠躬。古礼中，作揖是最方便又不失庄重的一种礼节，因此也是人们最常用的礼节。

◆ **古人在什么场合行跪拜礼？**

跪拜礼是古代使用时间最长的一种社交礼节。周礼中关于跪拜的动作和对象有着严格的规定。跪拜礼分稽首、顿首、空首，称为"正拜"。

其中，稽首礼是最隆重的一种礼节，通常只用于拜见君王、祭祀先祖等重要场合。

◆ **"左手为掌，右手为拳"的抱拳礼是吉拜吗？**

行抱拳礼时，右手握拳，左手手掌包住右手拳面，双腿笔直站立，目视前方，左手指尖与下颌齐平。古代男子尚左，左手在上，握住右手，就是"吉拜"。反过来，就是"凶拜"，这种行礼方式多用于吊丧。

◆ **拱手抱拳之礼是怎么回事？**

拱手礼在行礼时，要双腿站直，双手抱拳向前举。因为行礼的姿势很像古代的奴隶，所以通常被看作谦逊的表现，意为愿意做对方的奴仆。古人自谦的称谓中也有"仆"字，意思是"奴仆"，似乎也能佐证这种说法。

◆ **"八拜之交"究竟是哪几拜？**

古人结拜要行八拜之礼，八拜即下拜8次。拜的是8个方向，也是8种的友谊：伯牙子期知音之交；廉颇相如刎颈之交；陈重雷义胶漆之交；元伯巨卿鸡黍之交；角哀伯桃舍命之交；刘关张生死之交；夷吾叔牙管鲍之交；孔融祢衡忘年之交。

◆ "三叩九拜"指的是叩拜九次吗？

古礼中的"九拜"不是叩拜九次，而是 9 种不同类型的叩拜礼：稽首、顿首、空首、振动、吉拜、凶拜、奇拜、褒拜、肃拜。这些礼节最初仅用于祭祀鬼神的仪式，后来逐渐演化区分，变成了君臣、长幼、尊卑等不同身份间的问候礼节。

◆ "顶礼膜拜"是什么样的礼仪？

顶礼膜拜是一种非常恭敬的礼仪，行礼时需要双手放于前额，长久保持下跪叩首的姿态。本义为敬拜神佛，后来泛指恭敬。

◆ 叩手礼相传与哪位皇帝有关？

叩手礼出现于清乾隆年间，源自于叩首礼。相传乾隆微服私访时，不允许官员行三跪九叩首礼。一位大臣提出以"手"代"首"，三根手指弯曲为"三跪"，轻叩九下为"九叩首"。意见被采纳后流传到民间，今天我们还能看到主人斟茶时，有客人会叩手以示感谢。

◆ 拜访他人的"见面礼"古时称什么？

古人在拜访他人时，一定要带见面礼，这种礼节叫作"执贽"。见面礼不仅是约定俗成的礼节，更是个人身份的一种体现。刘邦拜谒吕公时写"贺万钱"，这是非常高规格的见面礼，代表主人身份不凡，吕公只能亲自出门迎接。

◆ 古人关于"死"有哪些称谓？

古人对"死"有许多称谓，如天子、太后等贵族之死称为崩、薨等；父母之死有见背、孤露等说法；佛道徒之死称涅槃、圆寂等；一般人的死则有亡故、长眠、谢世等称谓。此外，还有针对特定情境或身份的特殊称谓，如寿终正寝、遇难等。

◆ 祭祀中的"三牲"具体指什么?

三牲最初是指三个不同的活牲畜,没有指定具体的物种。古代祭祀用牲畜有严格的等级规定,三牲可看作组合祭祀用牺牲,适用于大型人神祭祀活动。最早以固定组合出现的三牲是马、牛、羊。后来,祭祀用的牛羊猪、鸡鱼猪也被认为是三牲。

◆ 逢年过节为什么要祭拜祖先?

祭祖习俗起源于原始的先人崇拜,古人相信祖先死后,他们的在天之灵会时刻关注和保护子孙后代。逢年过节,人们以食物、鲜花、香烛、纸钱等物祭祀先祖,祈求祖先能够继续保佑自己,让家族继续繁衍昌盛。

衣食住行

◆ 在古代,冠象征着什么?

冠,在古代中国,是贵族男子身份的象征,通常在男子 20 岁举行冠礼时佩戴。戴冠需束发,因此"结发""束发"也用以表示 20 岁。冠的种类多样,佩戴者多为贵族或官吏,故"冠盖"成为贵人、官吏的代称。冠不仅是装饰,更是身份地位的标志。

◆ 冕是什么?

冕,是古代天子、诸侯在祭祀时所戴的尊贵礼冠,其特点是有旒(liú),即垂下来的玉串。后来,"冠冕堂皇"成为形容外表庄严或正大的成语。南北朝后,冕旒成为帝王的专属象征，王维诗中"万国衣冠拜冕旒"即描绘了异邦万国使臣朝拜帝王的盛况。

◆ 贵胄（zhòu）中的"胄"指什么？

胄，是古代将士打仗时佩戴的头盔，用以保护头部免受伤害。秦汉时期，这种头盔被称为兜鍪（móu），后代则多称为盔。兜鍪一词有时也指代战士本身，如辛弃疾《南乡子》中的"年少万兜鍪"，形象地描绘了年轻战士英勇作战的场景。

◆ 帻（zé）是什么？

帻，是古代一种包发的巾，通常为庶人所戴。它一般为黑色或青色，用以裹发。因其颜色特征，秦时百姓被称为"黔首"（黔，黑色），汉时仆隶则被称为"苍头"（苍，青色），反映了帻作为身份标识在古代社会中的广泛应用。

◆ 弁（biàn）有哪些种类？

弁，在古代是指贵族所戴的一种尊贵冠帽，主要分为皮弁和爵弁两种。皮弁采用白鹿皮制作，形似后世的瓜皮帽；爵弁又称雀弁，因其红色中带点黑色，类似雀头而得

名。此外，"弁言"还是写在书籍或文献卷首的前言或序文部分，具有引言的作用。

◆ 衣和裳（cháng）是同样的东西吗？

在古代，"衣"与"裳"分别指上衣和下衣。上衣称为"衣"，而下衣则为"裳"，特指裙装，如《诗经》中"绿衣黄裳"所述。衣裳分开穿着，而深衣则是衣裳相连的一种服饰。古人的衣襟习惯向右掩，用绦带系住，并在腰间束带以固定。

◆ 袍是什么？

袍，古代为冬季御寒的长袄，初为穷人穿用，内铺乱麻以保暖。后袍的质地逐渐提升，汉代成为朝服。《诗经》中"与子同袍"描绘了士兵之间的深厚情谊，后"同袍"成为军队同事的代称，军人间的友情也被称作"袍泽之谊"。

◆ 衮（gǔn）是什么？

衮，是天子和最高级别官吏所穿的礼服，其上绣有蜷曲形的龙纹，象征着至高无上的权力和尊贵。后代的"龙袍"便是源于衮的遗制。

此外，"衮冕"一词也常用来指代登朝入仕，象征着仕途的辉煌与尊贵。

◆ 襦是什么？

襦，是古代的一种短上衣，通常为一般人平日所穿。《孔雀东南飞》中提到的"妾有绣腰襦，葳蕤自生光"，描绘了女子身着绣有精美花纹的短上衣，光彩照人的形象。襦以其精致的工艺和多样的款式，在古代服饰中占有重要地位。

◆ 裘是什么？

裘，是古代冬季御寒的皮衣，其特点是毛向外以保暖。《论语》中提到不同材质的裘对应不同身份，狐裘最为珍贵，为贵族所穿；羊裘、犬裘则为庶人所用。

◆ "褐人"是指褐色的人吗？

褐，是用粗麻或粗毛捻成线编织而成的短衣，质地粗糙且不保暖，是古代贫苦者因穿不起丝织衣物而穿的衣服。因其普及，"布衣"成为庶人的代称，穷人也被称为"褐人"或"褐夫"。后来，"释褐"一词用来指脱掉褐衣做官，或科举新进士及第授官。

◆ 古代的"裤"指什么？

裤，古代称作"绔"或"袴"，《说文解字》解释为"胫衣"，即套在腿上的衣物。与现代的裤子不同，古代的裤没有裆，仅由两个裤筒组成，穿时套在腿上，并用绳子系在腰间，是一种较为简陋的下肢服饰。

◆ 裈（kūn）是什么？

裈，是指有裆的裤子，类似于现代的裤衩或短裤。其形状像犊鼻，因此也叫犊鼻裈。《史记》中记载司马相如曾穿着犊鼻裈在市中劳作。此外，裈还可以填充棉、麻等物质以增加保暖效果，是古代人们日常生活中常见的服饰之一。

◆ 屦（jù）是什么？

屦，上古时期对鞋的称呼，通

常由麻绳编织而成，包括麻屦和葛屦两种，均为单底设计。屦作为古代人们的基本生活用品，不仅具有实用价值，还承载着一定的历史文化意义。

◆ **屐（jī）是什么？**

屐，是一种木制的鞋子，其底部装有厚板，并在前后装有齿，以便于行走在不同地形上。据《南史》记载，谢灵运常穿着屐登山，上山时去掉前齿，下山时去掉后齿，这种屐因此被称为谢公屐，后来成为文人墨客游山玩水的象征。

◆ **蹝（xǐ）是什么？**

蹝（也写作屣），是指草鞋，是用草等材料编织而成的简易鞋子，又称为躧。在古代，"敝屣"用来形容破旧的草鞋，"脱蹝（脱屣）"比喻对某事物看得很轻，毫不介意，"弃如敝屣"则用来形容毫不可惜地抛弃掉某样东西。

◆ **韤（wà）是什么**

韤（又写作韈），是指古代袜子，通常由布帛或皮革制成。在古代礼仪中，人们以赤足为敬，登席时需脱袜以示尊重。《左传》中记载了一起因不脱袜登席而被视为无礼的事件，反映了古代对袜子的使用及其所承载的礼仪文化。

◆ **笄（jī）簪是什么？**

笄簪，是古代女子用来固定发髻的头饰。女子15岁时会举行笄礼，将头发用笄固定，标志着成年。笄簪有时用玉制成，十分珍贵。后来，"簪"也被称为"搔头"，在文学作品中常被用来形容女子的头饰，如白居易的《长恨歌》中就有提及。

◆ **步摇是什么？**

步摇，是一种精美的头饰，特点是在簪的根部缀有珠玉，随着佩戴者的步伐轻轻摇晃，增添女子风姿。白居易在《长恨歌》中描绘了云鬟花颜配以金步摇的美丽景象。步摇在古代是贵族女子常见的饰品，体现了佩戴者的身份与优雅。

◆ **凤冠霞帔是可以日常穿戴的吗？**

霞帔是宫廷命妇的着装，起源于南北朝，宋代时被列入礼服行列，明代发展成为命妇品级的服饰，非恩赐不得服，平民女子只有出嫁或在祭礼、婚礼等特殊场合，按照华夏礼仪，才可以越级穿戴，平时不可穿戴。

◆ 古人说的石榴裙是什么样的？

石榴裙是古代年轻女子极为喜爱的服饰，其特点为色如石榴之红，纯净不染他色，穿着它能让女子更加俏丽动人。从唐代至明代，石榴裙一直备受珍爱，流传久远。因石榴裙魅力之大，俗语中男人被美色征服便称为"拜倒在石榴裙下"。

◆ 佩玉分哪几种？

佩玉是古代君子必佩的装饰品，包括珩（弧形玉）、璜（半圆形玉）、琚（系于珩璜间的小玉）、瑀（似玉的白石）、冲牙（悬于两璜之间会发声的玉），以及环（环形玉）和玦（有缺口的玉，寓"决"意）。

◆ 先秦的人的衣着有什么特点？

先秦时期，人们主要穿上衣下裳制服饰，上衣用正色、下裳用间色，小袖且衣长至膝。春秋战国时，深衣成为新型服饰，连体且适用广泛。军队中则流行胡服，短衣长裤革靴，便于骑射。鞋履主要有履、舄、鞋、靴等，以舄为贵，颜色不同场合有别，靴自西域传入。

◆ 秦汉魏晋南北朝的衣冠服饰有什么特点？

秦代创立服饰制度，服饰宽袖大袍且连体式，制度严格；汉代通过冠帽佩绶体现职别等级，冠制复杂，鞋履也有严格制度；南北朝时期，男子袍衫低敞，女子穿褂襦双裙，北朝服饰窄短合身，妇女多以簪花珠翠为饰。

◆ 唐装就是唐代人穿的服装吗？

唐装并非唐代人所穿的服装。实际上，唐装这一称谓源于海外，因为唐代是中国历史上的盛世王朝，声誉远播海外，外国人将中国人称为"唐人"，进而将中国人穿的传统风格服装称为"唐装"。现在所说的唐装，基本上是清末的中式着装。

◆ 旗袍是女性专享的服饰吗？

旗袍是根据满族古老的服装改制而来的。满族旗袍最初是满洲、蒙古、汉军八旗男女穿的衣袍，特点是无领、箭袖、左衽、四开衩、束腰。清初入关后，旗袍开始在中原流行，后逐渐被汉族妇女吸收并不断创新，成为具有独特魅力的中国传统女性服饰。

◆ 馒头是诸葛亮发明的吗？

馒头作为祭祀用品的"馒首"确实与诸葛亮有关。诸葛亮为平息泸水冤魂作怪，以肉与面粉制成的"馒首"代替人头进行祭祀，使大军得以顺利渡河。虽然"馒首"作为祭祀品的做法与诸葛亮相关，但无法断定馒头这一食品本身就是诸葛亮发明的，可能在此之前已有类似食物存在。

◆ 北方冬至吃饺子的习俗与古代哪位医生有关？

与古代医生张仲景有关。张仲景在东汉时期曾任长沙太守，后辞官回乡为乡邻治病。他看到乡亲们耳朵冻烂，便用羊肉和驱寒药材制成"娇耳"，煮熟后分给求药的人食用，治好了冻伤。后人模仿"娇耳"制成食物，称为"饺子"，逐渐形成了北方冬至吃饺子的习俗。

◆ 豆腐是怎么来的？

西汉淮南王刘安在追求长生不老之术时，与8位方术之士在北山炼丹。他们使用山中的清泉磨制豆汁，并以豆汁培育丹苗。虽然炼丹未成功，但豆汁与盐卤意外结合，形成了芳香诱人的豆腐。刘安因此成为豆腐的鼻祖，北山也因此更名为"八公山"。

◆ 元宵是怎么来的？

传说宋代有一种奇特的美食，里面包着黑芝麻和猪板油，外面是糯米粉做的面皮，它不但口感软糯，而且呈圆形，和人们心中团圆的祈盼是相符的，这就是元宵原来的样子。

◆ "叫花鸡"因何得名？

"叫花鸡"的名称源于其最初的制作者——一个常熟虞山底下的叫花子。因无炊具和调料，便用泥巴裹住鸡，在火中煨烤而成。后来，明代大学士钱牧斋品尝后觉得其味独特，便如法炮制并在宴席上款待柳如是，柳氏对此大加赞赏，钱牧斋因此当场命名这道菜为"叫花鸡"。

◆ "八大菜系"指的是什么？

"八大菜系"指的是鲁、川、苏、

粤、浙、闽、湘、徽这 8 个地方菜肴流派，它们各自具有鲜明的地方风味特色，并为社会所公认。

◆ "东坡肉"跟苏东坡有关系吗？

"东坡肉"源于苏东坡任职杭州期间的一个故事。老百姓为赞颂苏东坡的功德送猪肉给他，家人误将"连酒一起送"理解为"连酒一起烧"，意外烧制出更加香酥味美的红烧肉。这道菜因此得名"东坡肉"，以纪念苏东坡的功德。

◆ "四菜一汤"的发明和谁有关？

"四菜一汤"的发明与明太祖朱元璋有关。在朱元璋统治时期，遇到天灾和粮食短缺，而一些官员仍过着奢侈的生活。为了警示文武百官，朱元璋在皇后生日庆典上摆出粗菜淡饭宴客，并宣布今后请客最多只能"四菜一汤"，此规矩从宫内传到民间。

◆ 古代的主要酒器有哪些？

古代主要酒器包括杯、盏、盅（小杯）、觥（盛酒饮酒兼用，腹椭圆有提梁）、壶（敛口深腹，盛酒及其他液体）、角（形似爵无柱，温酒盛酒用）、爵（三足饮酒器，可温酒）、卮（盛酒器）、尊（酒器通称，敞口高颈，常饰动物形象）。

◆ 古代的主要食器有哪些？

古代主要食器包括案、豆、簠、簋、皿、盂和箸。案是盛食物的木托盘，豆像高脚盘，簠和簋是青铜制盛食物的器具，形状各异。皿是碗碟杯盘类食器的总称，盂是圆口盛饮食器皿，箸则是夹食的用具，即筷子。

◆ 古代的主要炊具有哪些？

古代的主要炊具包括鼎、鬲、镬和甑。鼎为圆形或长方四足，用以烹饪；鬲为陶制，足空与腹相通，便于传热使食物烂熟；镬为无足鼎，似大锅，烹煮鱼肉；甑为蒸饭瓦器，底部有孔置于鬲上蒸煮，类似现代蒸笼。

◆ 台、榭、观、阙都是什么意思？

台是高而平的建筑，初为观测云气、练武检阅用，后成为君王游乐的场所。榭是建在台上的无墙木构建筑。观是宗庙或宫廷大门外的高大建筑，两观之间为阙。观也指独立建筑，后道教庙宇也称观。阙则是宫门两侧的高大建筑。

◆ 堂、室、房分别指什么？

堂位于古代建筑物最前，是行礼待客之处，其南面无墙，东西墙称序，前为庭。室在堂后，供人居住，须先登堂才能入室。房则位于室的东西两侧，分别称为东房、西房。这些布局体现了古代建筑的空间划分和礼仪文化。

◆ 阶、户、牖、阁、厢分别是什么？

阶是堂前的台阶，升阶即入堂室。户是堂与室之间的通道，保护主人。《礼记》有云，入室必由户。牖即窗口，室中朝北的窗叫向。阁是堂东西两侧的房子，东夹、西夹即阁，其前空间称厢，与堂平行毗连。

◆ 古建筑为什么常出现石狮、鱼、鹿等形象？

古建筑常出现石狮形象，因其威武且"狮"谐音"事"，寓意事事如意；鱼象征丰裕有余，鹿象征俸禄多多，皆因谐音寓意美好；蝙蝠与扇子形象也常出现，表达福善之意。这些装饰反映了古人追求吉祥、美好愿景的文化心理。

◆ 古代建筑为什么房屋喜"木"？

古代建筑喜木构房屋而陵墓尚石材，源于阴阳五行学说。木象征春天、绿色、生命，适合为生者建造房屋。

◆ 村落房屋为何要"坐北朝南"？

村落房屋要"坐北朝南"，主要是因为中国位于北半球，阳光多从南方射入，朝南便于采光；同时，坐北朝南能避免寒冷的北风，起到防寒保暖的作用。这一建筑原则体现了人们对自然现象的正确认识，顺应天道，颐养身体。

◆ 出租房屋的人为何称为"房东"？

出租房屋者称"房东"，源于古时房屋建构及礼仪习俗。中国老式房屋中东首房间为上房，是主人或家中权威者的住所，故"房东"是指住在东首上房的人，即主人。此外，"东"位在古代礼仪中也代表主人，因此"房东"一词蕴含了主人的意味。

◆ **古人房前屋后栽树有什么讲究？**

古人讲究"前不栽桑，后不栽柳"，但这种说法并无科学道理，仅是古人因汉字谐音寻求心理安慰的说法。古人房前屋后栽树还讲究寓意吉祥，如柳树、槐树的"流""怀"寓意财运福气，兰花、桂花、牡丹等则寓意庭院美观、生活富贵。

◆ **古代的车马有什么讲究？**

在古代，车马是主要的交通工具，常常并举提及。车由马拉动，马的数量代表了车的规格和主人的身份地位。驾二马为骈，三马为骖，四马则为驷，是常见的配置。车马的数量，尤其是以驷为单位，成为衡量贵族等级的重要标志。

◆ **什么叫"立乘"？**

上古时期人们乘车时通常是站在车舆里，而非坐着。尊者、御者和陪乘分别站在不同位置，这种乘车方式被称为"立乘"，体现了当时的乘车礼仪和等级制度。

◆ **独轮车是什么时候出现的？**

独轮车，出现于西汉末东汉初，是一种中间仅有一个车轮的交通工具。它设计独特，通常由一人推动，既能载人又能载物，适用于平原、山地及狭窄道路。独轮车在当时以其经济性和实用性成为重要的交通运输工具，是交通史上的重要发明之一。

◆ **中国古代的路叫什么？**

中国古代路名历史悠久，从史前黄帝时期开始就有"道路"之名。西周时，路按等级命名，如"路""道""涂""畛""径"。秦汉后，路名有"驰道""驿道"，元称"大道"，清称"官路""大路"。现代则统一称为"公路"。

秦筑驰道是什么样的？

秦筑驰道是秦始皇为控制国土、促进政令军情传送和商旅往来而下令修筑的交通网络。以咸阳为中心，向各地辐射，形成宽50步、路基坚实的道路系统。道中央为车马专用，两旁为百姓行走小径，极大地方便了陆路交通，加强了全国联系。

漕运四河是什么？

漕运四河是指北宋都城开封府（今河南开封市）的四条重要水道，包括汴渠、黄河、惠民河和广济河，它们共同构成了当时汴京的主要交通要道，承担着漕运重任。尽管有说法认为金水也应列入其中，但因其不通漕运，故一般以黄河为四河之一。

我国第一艘轮船叫什么？

我国第一艘轮船"黄鹄"号，由无锡人徐寿、徐建寅父子和华蘅芳等人于1864年在南京金陵军械所制造完成。该船全由中国人自主设计、手工制造，未雇佣外国工匠，逆水时速8千米，顺水时速约14千米，后不幸在安徽采石矶江面触礁沉没。

最早的船闸是什么时候出现的？

我国最早的船闸出现在公元前214年，为解决秦始皇开凿的灵渠中湘江与漓江水位相差巨大的问题而发明。斗门（陡门），即现代船闸的闸门，通过筑起一个个斗门控制河段水位，使船只能够逐级上升或下降，从而实现了灵渠这一世界上第一条船闸式运河的通航。

京杭大运河流经几个省市？

京杭大运河是元代为解决北方物资匮乏问题，在原有隋唐大运河基础上，历经近十年开凿济州河、会通河及通惠河，连接河北、江苏、浙江等地原有运河而成的南北水运干线。它经六省市，连五大水系，成为我国古代南北交通的主干道，加强了南北经济文化联系。

休闲生活

◆ 打马球是一项什么运动？

打马球起源于汉代，唐代极为流行，最初为军队练武方式，后传入民间。玩法为两队骑马持杖击球入门，需精湛马术与球技。因其危险性高，常发生马球伤人事件，尽管曾以驴代马降低风险，但仍逐渐退出历史舞台，现今已失传。

◆ 中国古代将足球称作什么？

中国古代将足球称作"蹴鞠""蹋鞠""蹴球""蹴圆""筑球""踢圆"等，其中"蹴"意为用脚踢，"鞠"为皮制的球。蹴鞠是中国一项古老的体育运动，在齐国故都临淄已发展成一种成熟的游乐方式，并在民间广为盛行，后由对抗性比赛逐步演变为表演性竞技。

◆ 中国女子足球是什么时候出现的？

中国女子足球最早可以追溯到唐代。唐代开始有了女子足球，其踢法以踢高、踢出花样为主，称为"白打"，不设置球门。当时的女子足球在宫廷中尤为盛行，唐太宗、唐玄宗等皇帝都爱看踢足球，有的女子踢球技术还非常高超。

◆ 踢毽子是从什么时候开始的？

踢毽子最早出现在汉代，源于古代蹴鞠，是汉族民间的一项传统运动项目。明代开始有正式的踢毽比赛，清代达到鼎盛时期。

◆ "驴鞠"是什么体育活动？

"驴鞠"是唐宋时期的一种别开生面的体育活动，具体而言，它是一种骑在驴背上挥杖击球的马球运动。由于驴比马身体矮小且性格温顺，非常适宜于女子骑乘，因此"驴鞠"活动尤其受到宫女、富家闺秀等女性的喜爱，成为当时一种独特的娱乐方式。

◆ 摔跤是怎么来的？

摔跤，古称"角抵"或"角力"，晋代至唐代称为"相扑"。它起源于模仿野牛顶角的游戏，后来逐渐演变成体育活动，并带有军事训练的意味。到了宋代，摔跤比赛变得非常正规，临安护国寺每年举行比赛，胜者有奖品，甚至能因此获得军官职位。

◆ 古人放风筝只是为了娱乐吗？

不是，虽然到了宋代放风筝成为人们喜爱的户外活动，但风筝在古代还有军事上的用途，如作为侦察工具、三角测量信号、天空风向测查和传递信息等。因此，放风筝在古代具有多种功能，不仅仅是娱乐活动。

◆ 斗鸡游戏是什么时候出现的？

据说斗鸡游戏在上古时期便已萌芽，但具体历史难以考证。而在春秋战国时期，斗鸡已成为当时最流行的一种游戏。唐代时，斗鸡活动尤为盛行，不仅有民间赌博，皇宫中也以大规模斗鸡为乐，相关趣闻颇多。

◆ 斗蟋蟀为什么被视为"秋兴"？

因为蟋蟀主要活动在秋季，大致生长在处暑至立冬期间，入冬后渐趋死亡。斗蟋蟀作为利用蟋蟀特性进行的一种娱乐活动，与秋季紧密相关，因此被视为秋季的一种乐趣和兴致。

◆ 拔河游戏因何得名？

拔河最初是古代训练水兵的方法，使用篾绳让兵将分成两组拉扯，以模拟实战中的推拉敌船。后来流传到民间，演变成两拨人相互"较劲"的集体活动。唐代时，"牵钩"更名为"拔河"，可能是因为在拉扯绳索的过程中，有将对方"拔"过河界的意思。

◆ 纸牌是什么时候出现的？

纸牌是一种在纸和印刷术发明后出现的娱乐工具，早在唐代就有"叶子戏"这样的古老纸牌游戏。它与骰子等游戏一样，与博彩活动相关。纸牌可能是从中国传入欧洲，并发展成为今天的扑克牌。

◆ "收官之战"中的"收官"最初指的是什么？

"收官之战"中的"收官"最初指的是围棋比赛中的最后一个阶段，即在双方地域的各个分界处争夺，以确定最终胜负的过程。这个阶段虽然还没有结束比赛，但已经接近结束，是围棋中非常重要的一个环节，与布局、中盘并列。

◆ 围棋起源于什么时候？

围棋起源于上古时期，帝尧为引导儿子丹朱而发明的"制人之术"逐渐演变成围棋。棋子只有黑白两种颜色，因为黑白表示阴阳，万物由阴阳而生，二者相生相融，变化多端；同时黑白还有黑暗与光明的意思，符合围棋双方相互攻击、动静博弈的特点。

◆ 古代象棋起源于什么时候？

古代象棋起源于战国时期，但当时可能是一种叫六博的棋类游戏。北周时期出现"象戏"，被认为是当今象棋的雏形。

◆ 现代扑克起源于古代的什么游戏？

现代扑克起源于中国古代唐代一种名叫"叶子戏"的游戏纸牌。相传是秦末楚汉争斗时期大将军韩信发明的，用以缓解士兵的思乡之愁。12世纪时，马可·波罗将这种纸牌游戏带到欧洲，后来它逐渐在西方流行开来，并发展成为现代的扑克牌。

◆ 古代士大夫常玩的"投壶"游戏是怎样的？

投壶是古代士大夫宴饮时玩的一种投掷游戏，以盛酒的壶口为标，在一定距离间投矢，投入多少计筹决胜负，负者罚酒。它起初是射箭的替代活动，后来逐渐发展成为宴饮时的娱乐项目，讲究礼节，且在流传过程中难度逐渐增加，有了多种新玩法。

◆ **太极拳是什么时候出现的?**

太极拳创立于清代初年,由河南温县陈家沟的陈王廷所创。早期太极拳曾有多种名称,至清乾隆年间,山西武术家王宗岳著《太极拳论》,才确定了太极拳的名称。太极拳讲究以柔克刚、以静制动,重视练气,是一种重要的健身与预防疾病的手段。

◆ **中国传统剑术有什么特点?**

中国传统剑术的特点主要表现为灵活、敏捷、潇洒、飘逸,气势连贯。演练起来变化多端,要求剑与人合一,动作一气呵成。在比赛中,剑术动作包括腾空跳跃、立劈横抹、点刺撩崩、勾挂缠云等多种技巧,富有观赏性和艺术性。

◆ **"十八般武艺"是指什么?**

"十八般武艺"是指"一弓、二弩、三枪、四刀、五剑、六矛、七盾、八斧、九钺、十戟、十一鞭、十二锏、十三挝、十四殳、十五叉、十六靶头、十七锦绳套索、十八白打"。

姓名称谓

◆ **姓和氏的区别是什么?**

姓和氏在中国先秦时期有严格区别。姓是代表有共同血缘关系的族号,标志一个人由哪个氏族生出,反映远古母系社会制度。氏是由姓衍生出来的分支,是同一姓族的人由于人口繁衍、迁居和身份职业变化而形成的支派标志。

◆ **中国姓氏的来源是什么?**

中国姓氏来源大致有母系氏族社会的母姓、出生地或居住地、古国名、封地、官职、天子赐谥号、祖辈的字、神话传说、避讳改姓、技艺以及民族语言译音等情况。

◆ 古人避讳主要有哪些方法？

古人避讳主要有 8 种方法：用同义或近义字代替；用同音或音近字代替；缺笔；拆字；删字；用形似字代替；改读；增加偏旁构成新字。这些方法主要用于回避君主和尊长的名字，体现了古代社会的礼仪和尊重。

◆ 古人将避讳皇帝姓名的现象叫什么？

古人将避讳皇帝姓名的现象叫作"国讳"或"公讳"。这是一种在言语和书写中必须遵守的礼仪规范，旨在尊重并避免触犯皇帝及其家族的名讳。违反此规范可能会被视为不敬或犯罪，因此人们会采用音同或音近的字来代替，或用其他办法来改说、改写。

◆ 古人的号是怎么来的？

古人的号来源多样，有自号和赠号两种。自号多以居住地、旨趣抱负、生辰年龄等为依据；赠号则依据其轶事特征、官职任所、出生地或封爵谥号等。号的使用体现了古人的文化修养和社交礼仪，也反映了当时社会的尊崇和风尚。

◆ 中国古代帝王赐姓主要有哪些情况？

中国古代帝王赐姓主要有 6 种情况：赐国姓以表恩宠和褒奖；赐他姓或汉字单姓以代替少数民族复姓；赐恶姓作为严厉处罚；因臣下原姓不吉利而赐姓改之；因特殊技艺而赐姓；继嗣赐姓、臣下主动要求赐姓和追赠赐姓等其他情况。

◆ 庙号、谥号、年号分别是什么意思？

庙号是皇帝死后在太庙立室奉祀时追尊的名号；谥号是帝王、贵族、大臣、士大夫死后，依其生前事迹给予的称号；年号则是中国古代封建皇帝用以纪年的名号。三者在称呼和使用上有所不同，共同构成了中国古代帝王的身份和纪年体系。

◆《百家姓》为何以"赵钱孙李"起首？

《百家姓》以"赵钱孙李"起首，

是因为宋代皇帝姓赵，故赵姓列为首姓；钱是吴越国国主的姓氏，排列第二；孙是吴越国国主正妃之姓，排第三；李则是南唐国主之姓且江南大族多李氏，故排第四。

◆ 古人起名和字有什么讲究？

古人起名是在出生 3 个月时，供长辈呼唤；字则是男子 20 岁行冠礼、女子 15 岁许嫁行笄礼时取，供朋友呼唤。名与字可意义相近或相反，常自称名以示谦，称人之字以示尊。

◆ "孟姜女"姓"孟"吗？

古时哭长城的"孟姜女"并不姓"孟"，而是姓"姜"。"孟"在这里表示兄弟姐妹中的排行老大，"孟姜"意为姜家的大女儿，是先秦时期对齐国国君长女或世族妇女的通称，而非特指某一个人。

◆ 古时女子姓前为何冠以"伯、仲、叔、季"？

古时女子姓前冠以"伯、仲、叔、季"，是为了表示其在家族中的排行，即老大、老二、老三、老幺。由于先秦时期周礼的规定，女子的名字不轻易为外人所知，因此用排行加姓的方式来区分不同的未婚女子，也体现了家族关系和女子的社会地位。

◆ 古代称呼他人有几种方式？

古代称呼他人有 10 种方式，包括直称姓名、称字、称号、称谥号、称斋名、称籍贯、称郡望、称官名、称爵名、称官地。这些方式体现了古代社会的礼仪和尊重，也反映了人们的身份、地位和志趣。

◆ 古人对他人有哪些尊称？

古人对他人的尊称丰富多样，如用"令"字尊称对方亲属，用"贤"字尊称对方或对方子女，尊称老师为"夫子"等，还有"公""子""君"等尊称。对和尚、道士等宗教人士也有专门的尊称，如"大师""道长"等。对于死者，则常加"先"字表示尊敬。

古人对自己有哪些谦称？

古人对自己的谦称多种多样，如用"家"称辈分高或年纪大的亲戚，用"舍"称辈分低或年纪小的亲戚，用"小""老"谦称自己或相关事物，还有"敢""愚""拙""敝""鄙"等词，以及"寒舍""犬子"等表达，体现了古人的谦逊和礼貌。

古人为什么会按照辈分取名？

古人按照辈分取名的习俗是在晋代以后逐渐形成的。同族不同辈分的人选用不同的字，并严格固定下来，以此表示家族辈分的差异。这种习俗逐渐演变成共同制订若干个好的字儿，排定顺序，依次使用，从而形成了同族同辈人共有的行辈区别字。

古人对职业有哪些称谓？

在古代，人们常以职业身份来称呼某些人，这种称谓方式往往在其名字前加上代表职业的字眼。例如，"庖丁"中的"庖"表示厨师，"师襄"中的"师"表示乐师，"优孟"中的"优"表示艺人或伶人。这种称谓方式简洁明了，能够让人迅速了解对方的职业身份。

古人对朋友关系有哪些称谓？

形容朋友关系的称谓有金兰之交、贫贱之交、患难之交、刎颈之交、莫逆之交、竹马之交、布衣之交、忘年之交、车笠之交、君子之交等。这些称谓分别描绘了不同情境和深度下的朋友关系，体现了中国古代对友情的重视和分类。

古代男子对配偶有哪些称谓？

古人对男子的配偶有多种称谓，如小君、细君、皇后、梓童、夫人、荆妻、娘子、糟糠、内人、内掌柜的、太太等。其中，有些称谓专指贵族或官员的妻子，如皇后、夫人；有些则是普通百姓对妻子的称呼，如荆妻、娘子。此外，还有续娶的妻子称为继室或续弦，妾则有侧室、偏房等称谓。

男子的一生可分为哪几个年龄阶段？

男子的一生可分为幼、弱、壮、强、艾、耆、老、耄、期9个年龄阶段。从10岁开始，每10年为一个阶段，分别代表着入学、成年、成家立业、踏入社会、做官、发号施令、传授经验、高龄以及颐养天年的不同人生阶段。

◆ "桑梓"为什么可以指代故乡？

因为桑树和梓树与人们的日常生活关系密切，涉及衣食住行等多个方面。古代人们常在家宅附近种植这两种树，且对其怀有敬意。久而久之，桑树和梓树成了故乡的象征，因此"桑梓"也就成了故乡的代称。

◆ 不同年龄的称谓是什么？

婴儿期有"襁褓"，幼儿期称"孩提"，换牙时叫"龀齔"，幼年统称"总角、垂髫"。之后，以"豆蔻年华"指女子十三四岁，男子15岁称"束发、成童"，女子15叫"笄年"。随着年龄增长，还有"弱冠""而立""不惑""知命""花甲"等称谓，直至"古稀""耄耋""期颐"代表高龄。

◆ 老人在古代都有哪些称谓？

老人在古代有多种称谓。50岁称为"杖家之年"，60岁称为"杖乡之年"，70岁称为"杖国之年"，80岁称为"杖朝之年"。此外，还有"斑白""黄发""皓首""眉寿"等泛称，女性老人可称"姥"，晚年可称"暮齿"，祝寿可称"暖寿""万寿""遐龄"等。

◆ 儿童在古代都有哪些称谓？

儿童在古代有多种称谓。可称为"童孺""垂髫"，因为儿童垂发叫髫，所以也可称为"髫年""髫龄"，又因儿童换牙称为"龆年"。此外，"稚""膝下""孺子"等也是古代对儿童的称呼，其中"孺子"也用作老人对年轻后生的爱称。

第七篇

天文历法常识

在无垠的宇宙中，天文常识如同璀璨的星辰，引领我们探索浩瀚星空的奥秘，从太阳系的行星运转到遥远的星系碰撞，每一颗星星都讲述着宇宙的故事。而历法常识，则是人类智慧在时间长河中的结晶，它记录着岁月的流转，指导着农耕生产，规划着人们的生活节奏。从古老的农历到现代的公历，历法不仅是对时间的计量，更是对自然规律的深刻理解和尊重。

天文常识

◆ 星宿是指一颗一颗的星吗？

"星宿"并不是指一颗一颗的星，而是周围很多星聚集在一起的状态，古人通过关联对它们的想象，用"星宿"给它们命名。

◆ 二十八宿是指二十八颗星吗？

二十八宿是一种恒星群系统，赤道和黄道一带南中天的恒星被它划分成二十八群，从东向西运行。二十八宿又分为四象，每象各七宿。东方为青龙、西方为白虎，南方为朱雀，北方为玄武。

◆ "北斗七星"有什么内涵？

北斗七星的排列是有规律的，如同一个舀酒的斗，包括七星。观察到北斗七星，我们就可以找到北极星所在的位置，也可以找到其他星座。北斗七星不仅可用来辨别方向，还可以用来辨别季节。在古代，人们还用北斗七星来占卜。

◆ 北极星是处在静止状态吗？

古代天文学家对北极星怀有敬畏的心理，觉得它是固定不动的，其他星都以它为中心旋转。事实上，北极星也是在变化的。3000 年的周代，北极星是帝星，到了明代，北极星是天枢。

◆ 分野是什么意思？

分野，是和星次相呼应的地域。古代在划分地面上的州、国的区域时，会用 12 星次的位置与之相对应。从天文的角度来说，就是"分星"；从地面的角度来说，就叫"分野"，又叫"十二分野"。

◆ 三垣是什么意思？

三垣，是古代划分星空的一个星官，和黄道带上的二十八宿合称"三垣二十八宿"。三垣，也就是上垣之太微垣、中垣之紫微垣及下垣之天市垣。每垣都是一个面积较大的天区，包括很多小星官（星座）。每垣都有东、西两藩的星。

◆ 四象是什么意思？

在我国古代，常用4组动物来代表天空东、南、西、北四大区星象，这4组动物就叫四象，又叫四维、四兽。有了二十八宿体系以后，每七宿组成一象，即东龙、南鸟、西虎、北龟蛇（武）。之后演变成青龙、朱雀、白虎、玄武。

◆ 五纬是指什么？

五纬是指古人发现的5颗行星，即金、木、水、火、土。金星古代叫明星，又叫太白。木星古代叫岁星，水星古代叫辰星，火星古代叫荧惑，土星古代叫镇星或填星。五纬和日、月加在一起，合称七政或七曜。

◆ 黄道是什么意思？

黄道是存在于古人幻想出来的太阳周年运行的轨道。地球围绕太阳公转，从地球上不同位置看太阳，太阳在天球上的投影位置也会发生变化。这种位置的改变就叫太阳的视运动，太阳周年视运动的轨迹就是黄道。

◆ 白虹贯日是一种什么现象？

"虹"其实是"晕"，这是大自然中的一种光学现象。一旦出现这种现象，预示着天气要发生变化了。可是古人觉得这种自然现象一出现，就代表着人间要发生反常的事情。

◆ 东羲是指什么？

在古代神话传说中，太阳神叫羲和，他驾驶着6条龙拉的车子飞驰在天空中。所以，东羲就是指刚刚升起来的太阳。"东羲既驾"是指东方的太阳已经升起。

◆ "日食"一词最早是在哪部作品中出现的？

早在4000年前的夏代仲康时期，世界上就有了关于日食的记录。但"日食"一词最早则出现在《诗经》中的《十月之交》。这首诗作于周幽王元年，古人将其视为一种不祥之兆。

月亮有哪些别称？

月亮的别称有银钩、玉、玉弓、弓月、金轮、银盘、玉盘、银兔、金蟾、桂月、桂宫、广寒、清虚、望舒、嫦娥、婵娟等。

太阳黑子的最早记载是什么时候？

世界公认的太阳黑子的最早记录，是西汉河平元年（公元前28年）三月所看到的太阳黑子现象，记录在《汉书·五行志》上："河平元年……三月乙未，日出黄，有黑气大如钱，居日中央。"

木星卫星最早是由谁发现的？

大概在公元前364年夏，中国古代天文学家甘德发现了木星卫星。在唐代瞿昙悉达编的《开元占经》中，曾引用了甘德的话，木星"若有小赤星附于其侧，是谓同盟"。这里的小赤星就是卫星。

哈雷彗星的最早记录出现在什么时候？

哈雷彗星的最早记录出现在《春秋》一书中，鲁文公十四年（前613年），"七月，有星孛（彗星）入于北斗"。这里所记录的这颗彗星就是哈雷彗星。而世界公认的最早一次哈雷彗星的记录，则是在《史记·秦始皇本纪》始皇七年（前240年）上。

中国最古老的天文台是哪座？

登封观星台是中国历史最为悠久，也是保存最为完好的天文台。它位于今登封市告成镇。包括测景台和星天尺两部分，前者高8.5米，后者长30.3米。这里还保留着公元724年唐代所立的石表，上面刻着"周公测台"5个大字。

在古人眼里，天上的日、月、星辰分别是什么样的？

日、月、星在古代叫"三光"。羲和驾着巨大的跳车，拉着太阳这个巨大的火球，这就是中国古人对太阳最早的认知。月亮是太阴精形成的兽，外形像兔和蛤蟆。星辰是日生出来的，在空中分散排列，和人相对应。

郭守敬为大都天文台做了哪些贡献？

元至元十六年（1279年）春，朝廷建起了大都天文台，郭守敬负责主持这里的工作，他为天文台设计制作了 13 件仪器，其中最有名的当数他发明的简仪。

◆ 古代除了"天圆地方说"，还有哪些天地模型学说？

古代除了"天圆地方说"，还有盖天说、浑天说、宣夜说等天地模型学说。盖天说要比"天圆地方说"进步很多。浑天说是由张衡提出来的。宣夜说认为天不是一个实体的东西，无限高深，因为看得远，所以天才是蓝色。

◆ "浑天说"的主要观点是什么？

浑天说把天比作鸡蛋，把地比作蛋黄，天像鸡蛋壳一样绕轴旋转，天被赤道一分为二，黄道与赤道以大约 24 度的角度斜交。太阳就在黄道上移动，其运动轨迹就由平行的周日圈来描绘。

◆ 福、禄、寿三星分别指什么星？

福星指木星（过去叫岁星）。禄神，又叫"文昌""文曲星"、"禄星"。它掌控着人间的贫贱荣辱。寿星，又叫老人星、南极老人星。它可以持续发光，符合人们想要福寿绵长的心愿。

◆ 古人为什么视"彗星袭月"为不祥之兆？

古人之所以视"彗星袭月"为不祥之兆，原因如下：一是彗星这种天体极其稀少，带有神秘的色彩；二是彗星在古代文化里有特殊含义，有"扫把星"之称；三是古人掌握的知识有限，难以用科学理论来解释天文现象。

◆ "水金火木土"五星有哪些别称？

金星，过去叫明星、大嚣、太白，黎明时在东方出现则叫启明，傍晚时在西方出现则叫长庚。木星，过去叫岁星或岁。水星，过去叫辰星。火星，过去叫荧惑。土星，过去叫镇星。

◆ 古代皇帝为什么钟情于"紫"？

皇家之所以喜欢用"紫"字，

源于"紫"原来指天上星宿。古代人们认为天皇是在天宫居住的,天宫自然在正中间,所以紫微垣就因为处在正中的位置而成为天宫应在的地方。所以,天宫又名紫微宫。人们用紫微恒星代指皇帝,让皇家钟情于"紫"。

◆ 古人是如何利用北斗星来分辨方向、决定季节的?

在不同的季节和夜晚,北斗星在天空的方位是不同的,因此古人依据初昏时斗柄所指的方向来确定季节——斗柄指东则是春;斗柄指南则是夏;斗柄指西则是秋,斗柄指北则是冬。晚上可用北斗星的指极星来分辨方向。

◆ 我国古代如何称呼火星?

在我国古代,火星被叫作荧惑。原因是火星荧荧,就像火一样,忽明忽暗,运行轨迹也让人捉摸不定,让人疑惑不解,因此古人用"荧惑"称呼它。

◆《甘石星经》系统观察了哪些行星的运行规律?

《甘石星经》是由两部著作合并而成,一是甘德所著的《天文星占》,二是石申所著的《天文》。他们都对金、木、水、火、土五大行星的运行进行了系统性观察,初步掌握了它们的运行规律。

◆ 谁最先发现了恒星运动?

一种观点认为,我国唐代的天文学家张遂(法号一行)是世界上第一个发现恒星移动现象的人。他利用黄道游仪这一观测恒星运动的仪器,在公元 8 世纪前后发现了恒星的运动。

◆ 牵牛织女分别指的是什么星?

牵牛星,又叫牛郎星,位于银河以东,是夏秋晚上天空中亮度最高的星星之一。而织女星位于银河以西,和牵牛星遥相呼应。牵牛和织女的传说象征着人们对美好爱情的追求,是中国文化里浪漫的代名词。

◆ 黄道十二宫是指什么?

黄道十二宫就是将黄道平均划分为 12 个区域,每个区域叫一个"宫"。这些区域的划分是以太阳在黄道上的运行轨迹和历法学的需求为基础的。黄道十二宫的命名,可参考黄道上的星座。

◆ 太阳和月亮哪个更大？

太阳比月亮大 400 倍，之所以看起来差不多大，是因为太阳比月亮远 400 倍。

◆ 文曲星是指哪颗星？

文曲星是北斗七星里的第四颗星，在中国古代神话里，它是负责文化和学问的星宿。传说那些有着杰出才华、成为皇帝身边的高官的人，都是文曲星下凡。

◆ 银河是一条河吗？

银河位于天鹰座和天赤道相交之处，如同一条飘荡在夜空中的亮带，包括不止 1000 亿颗星星。它的别称有很多，像天河、银汉、星汉、云汉等。

历法常识

◆ 古人是如何确定"日""月""年"概念的？

古人通过观察太阳的东升日落，确立了日的概念。"日"就是一个昼夜。古人通过观察月缺月圆的变化，确立了"月"的概念。古人通过种植农作物，观察冬去春来，草木生长，确立了年的概念。

◆ 阴历是如何确立下来的？

阴历就是以朔望月为单位的历法，它是以月亮的变化为依据制定的。月亮又可以叫作太阴，因此阴历又叫太阴历。月亮围绕地球旋转一周，所需的时间为 29.53059 日，相当于 29 天半。考虑到计算的便捷性，确立大小月交替为 30 天和 29 天。

◆ 阳历是如何确定下来的？

阳历是以太阳年为单位的历法，又称太阳历。阳历规定一年四季的变化为一年，即地球围绕太阳转一圈的时间为一年。一年分 12 个月，每月的天数从 28 天到 31 天不等。

◆ "黄历"是怎么产生的？

黄历的产生，源于中国农历。这种历法上不仅有二十四节气的日期表、表示当天吉凶、运程的内容，还有指导农民种植的内容等。传说创制人是黄帝，所以叫"黄历"。

◆ 中国最早的历书是哪一部？

《夏小正》是我国历史最为悠久的历书。它所用的月份是"夏历"的月份，一年被划分成 12 个月，详细记录了每个月的气象、天文、农事、物候等内容。

◆ 中国最古老的历法是什么？

万年历是我国最古老的历法，它让公历、农历、干支历相互对应，之后编排在一起。查询万年历时，可以以干支纪年法为依据，通过对天象的观察，和实际相结合，概括规律，以将阴阳五行学的说法更好地展现出来。

◆ 僧一行所编撰的《大衍历》对传统天文学体系有什么贡献？

僧一行通过实地测量世界上子午线（经线）1 度弧长，编写出《大衍历》这部优秀的历法。这一历法包括 7 篇历书，在结构上成系统化，还尽可能探究历法的原理，从哲学角度来对历法进行阐释，促进了传统天文学体系的发展。

◆ 朔、朏、魄、弦、明、望、既望、晦，分别指什么？

朔：指农历每月初一。朏：指农历每月初三。魄：指农历初三的月光。弦：指农历初八的月光。明：指太阳和月亮相互映衬。望：指农历每月十五。既望：指望后一天。晦：指农历每月最后一天。

◆ 祖冲之创制的《大明历》的主要成就有哪些？

《大明历》又叫"甲子元历"，是南北朝时期的祖冲之创制的。它确立一个回归年为 365.2481481 日，对回归年和恒星年进行了区分。测出岁差为 45 年 11 月差一度，定交点月日数为 27.21223 日。

◆ 《时宪历》有什么样的历史地位？

《时宪历》是我国第一次采用西洋天文学体系，并根据中国民用历法体例编制成的历法。这是官方历法第一次在体系上发生改变，是我国首次在民用历法中采用定气注历，用太阳在黄道上的实际运行位置来确定节气时刻。

◆ 农历的闰月是什么意思？

我国古代的历法是阴阳历。3年闰1个月，5年闰2个月，后规定19年闰7个月。一遇到闰年就加1个月，称为"闰月"，闰月加在某月后就叫"闰某月"。

◆ 闰年和闰日分别是什么意思？

闰年是指阳历有闰日，或者阴历有闰月的一年。公历通常是4年一个闰年。平年365天，闰年多一天，这一天加在2月底，所以闰年的2月就是29天，这一天就叫作闰日。

◆ 古人是如何划分四个季节的？

古人先是将一年划分为春夏秋冬四个季节，后又按夏历将12个月分为正月、二月，直到十二月。前三个月为"春"，中间分别为"夏"和"秋"，最后三个月为"冬"。

◆ 二十四节气具体有什么含义？

像立春、立夏中的"立"代表马上开始。夏至、冬至中的"至"代表酷夏和严冬已经到了。春分、秋分中的"分"，字，代表平分。雨水说明开始下雨了。清明则表明天气温暖。谷雨代表雨量增加。小满代表夏熟作物快要成熟了。芒种则指有芒作物成熟和晚季作物要紧锣密鼓地种植了。小暑、大暑代表天气炎热。处暑中的"处"是指终止。白露说明气温下降，寒露说明露水很凉。霜降，指开始下霜了。小雪、大雪，代表开始下雪了。小寒、大寒，说明一年中气温最低的季节到了。

◆ 三伏是什么意思？

三伏就是我们平常所说的"大伏天"，包括初伏、中伏和末伏。这是一年中气温最高的日子，因此有习惯性说法"热在三伏"。我国旧历法规定，每年从夏至后第三个庚日开始为初伏，从第四庚日开始为中伏，从立秋后的第一庚日开始为末伏。

◆ **古人是如何记时的？**

古人根据天色将一天分为很多时段，日出时叫旦早朝晨，日落时叫夕暮昏晚。古人用十二地支代表12个时辰，每个时辰就等同于现在的2小时。从晚上11点到半夜1点开始，类推下去，一天就分为12个时辰，即24小时。

◆ **古代的纪年法主要分哪几种？**

古代主要有这样三种纪年法，分别是干支纪年法、帝王纪年法，以及帝王纪年和干支纪年兼用法。

◆ **支纪年法是什么样的？**

十天干：甲、乙、丙、丁、戊、己、庚、辛、壬、癸；十二地支：子、丑、寅、卯、辰、巳、午、未、申、酉、戌、亥。用天干和地支相配，单对单，双对双，组成甲子、乙丑等，一共配出六十对，称为六十花甲子。循环往复。

◆ **帝王纪年法是什么意思？**

我国最早的纪年法是用皇帝即位的年次表示，从元开始，到二、三，一直到他去世。比如鲁庄公十年。从汉武帝开始，出现年号，之后所有皇帝登基都要改元，以年号纪年。

◆ **帝王纪年和干支纪年兼用法是怎么回事？**

纪年时，前面放皇帝年号，后面放干支。比如永和九年，岁在癸丑。古人纪月，不仅有序数，也有一些特殊的称谓，像孟、仲、季、朔、望、晦等。比如戊申晦，晦就说明是在月末欣赏日出。

◆ **太岁纪年法是什么意思？**

古代天文占星家想象出一个假岁星，称呼其为太岁，让它和真岁星反着来，并用它来纪年，比如"太岁在寅"，次年就是"太岁在卯"，依此类推。之后古人还取了12个太岁年名，像摄提格、单瘀等。

◆ **"天干地支"的发明者是谁？**

传说，最早创造天干地支的人是轩辕时代的大挠氏。可是这只是个传说，缺乏相关依据。资料显示，十二地支最早可追溯到古巴比伦的十二宫，之后传入中国。中国古人以此为基础，创造出十二地支。

◆ 天干地支是什么意思？

天干地支简称干支，是用来在夏历中排年号和日期的。天干一共10个字，所以叫"十干"。地支共12个字，是按照这样的顺序排列的：子、丑、寅、卯、辰、巳、午、未、申、酉、戌、亥。

◆ 古代的纪月法是什么样的？

古人纪月往往用序数记，比如一月、二月等，岁首的月份叫正（zhēng）月。古人还将十二地支和一年的10个月份相匹配，用冬至所在的十一月配子，称为建子之月。十二月为建丑之月，正月为建寅之月等等。

◆ 古代的纪日法是什么样的？

古人用干支纪日，干是天干，支是地支。十干和十二支按顺序组合在一起，形成"六十甲子"。每个单位就是一天的意思，六十甲子循环往复。每月的第一日叫"朔"，最后一天叫"晦"。对这两天，古人常用干支或朔晦称呼。

◆ "三正"是什么意思？

春秋战国时期出现了夏历、殷历和周历，三者最大的不同是岁首的月建不一样，因此又称为"三正"。周历的岁首是冬至所在的建子之月，殷历的岁首是建丑之月，夏历的岁首是建寅之月。

◆ 每年的天数是固定不变的吗？

一年的天数并不是固定不变的，大概13亿年前，一年有507天；大概5.7亿年前，一年有421天；4亿年前到3.5亿年前，一年大概是400天；1.35亿年前，一年大概是376天；约6500万年前，一年是370天。

◆ 农历是怎么来的？

中国古代长久以来所使用的历法就是农历，它是通过朔望的周期来定的月，为了让年的平均长度和太阳回归年相近，它采取了置闰的办法。由于这种历法中包括二十四节气，可用于指导农事，所以称"农历"。

◆ 旬是一个什么样的概念？

中国农历将一个月分成上、中、下三旬，每旬10天，这十天就用十天干来称呼。可是小月只有29天，下旬就只有9天。如今我们依然习惯于将一个月的前 10 天叫上旬，中间的 10 天叫中旬，21 日到月底的最后十天为下旬。

◆ 人日是什么意思？

"人日"指正月初七那天。相传正月一日到十日分别为鸡、狗、猪、羊、牛、马、人、谷、粟和麦。

◆ 九九是什么意思？

夏至后的 81 天和冬至后的 81 天分别被划分成九个段落，每个段落 9 天，即有"夏九九"和"冬九九"之称，依次为头九、二九、三九，直到九九。

◆ 四时是指什么？

四时指春夏秋冬四季。农历春季是指正月、二月和三月，又称为"孟春""仲春"和"季春"。夏季指五月、六月和七月，又称为"孟

夏""仲夏"和"季夏"。秋冬季节也是如此。

◆ "星期"是如何确立下来的？

我们往往称 7 天为一周，或一个星期，或一个礼拜。这一制度最早可追溯到巴比伦，星期制就是由他们创立的。公元 4 世纪，巴比伦人的星期制传入我国。而古人发现从朔日到正弦刚好是 7 天，正好吻合巴比伦的 7 日一星期制度。

◆ 时是什么意思？

时是时辰的意思。古人将一昼夜分成 12 段，每段为 1 个时辰，相当于现在的 2 个小时。12 个时辰分别用 12 个地支来称呼，从半夜开始算。子时：夜半，23 点—1 点。丑时：鸡鸣，1 点—3 点。直到亥时：人定，21 点—23 点。

◆ 时辰是如何划分的？

一昼夜被古人分为 12 等份，每个等份就用一个时辰称呼。古人又将一个时辰分为时初和时正两部分。时初四刻、时正四刻。一个时辰就是四刻。清代以后，一刻又被分为 15 分，一分有 60 秒，就相当于现在的 24 小时制。

◆ 刻指多长时间？

古代计时所采用的工具是漏壶，一昼夜一共 100 刻，一刻相当于现在 14 分 24 秒。顷刻，指非常短的时间。

◆ 更是什么意思？

在古代，夜晚被分为 5 个时段，用鼓打更报时，因此有"五更""五鼓""五夜"的说法。一夜分成五更，一更相当于一个时辰，也就是现在的 2 个小时。虽然夜有长短，可是夜半的三更天，却一直处在五更的中间，即"子夜"。

◆ 鼓为什么代指更？

古代夜间用击鼓的方式来报更，因此鼓代指更。

◆ 点相当于现在的多久？

古代计时会采用铜壶滴漏（水或沙）的方式进行，以下漏击点为名。一夜分成五更，一更又分成五点。一点就相当于现在的 24 分钟。

◆ 刻漏是一种什么样的仪器？

刻漏是古代一种计时仪器，又叫"漏刻""漏壶""壶漏"等。刻漏有很多种，大体上分为单壶和复壶两种。单壶只有一个壶用来保存水，计时短，而且精度不高；复壶中最有名的有 4 个铜壶，从上到下排列，相互重叠在一起。最下面的壶内有一直立的浮标，上面标刻有时辰。

◆ 更鼓楼的作用是什么？

古代计时用的漏壶既笨重又繁杂，得用专门的更鼓楼来放置，所以只有宫廷和官府才会使用刻漏来计时。北京故宫的神武门就是紫禁城中的更鼓楼。更夫们根据更鼓楼上显示的时间，负责打更报时。更夫打一下锣表示一更，敲一下梆子表示一点。

◆ 北京时间是如何确立的？

天文学家规定东西两地之间的经度差是 15 度，时间相差 1 个小时。

地球自转一周为 360 度，一天被分成 24 小时，所以地球自转 15 度的时间就相当于 1 个小时。全球被划分成 24 个时区，我国属于东八区，北京时间就是东八区时间。

◆ 一刹那是多长时间？

梵典上有这样的记录："一刹那者为一念，二十念为一瞬，二十瞬为一弹指，二十弹指为一罗预。"一昼夜为 24 小时，一弹指为 7.2 秒，一瞬间为 0.36 秒，一刹那则为 0.018 秒。

◆ 一炷香大概是多长时间？

一炷香的时间就相当于两刻钟左右，也就是 30 分钟。

◆ 香篆是一种什么样的计时器？

香篆是古代的一种计时器，又名百刻香，外形和篆文很像。燃香长度越长，时间就越长。香长可分十二辰，又分一百刻，一共燃烧一天一夜。

◆ 为什么一月又叫"正月"？

在中国古代，随着朝代的变化，哪个月作为一年的第一个月是不固定的，直到汉武帝时期，才继续使用夏代的月份排列法。更换后的王朝的第一个月就叫"正月"。"正"，即"改正"。

◆ 农历十二月为什么又叫"腊月"？

农历十二月，又有"腊月"之称。腊是古代人们祭祀祖先和神灵的一种活动。由于腊祭大多在农历十二月进行，所以农历十二月便被称为腊月。

◆ 十二生肖是怎么来的？

属相是我国传统的纪年方法。在用天干配地支纪年的同时，再用十二地支分别对应一种动物的名字，代表这一年的顺序和名称，即子鼠、丑牛、寅虎、卯兔、辰龙等。

第八篇
山川地理常识

在广袤的地球上，山川地理常识如同一幅壮丽的画卷，铺展在我们眼前。地理常识，是解读大自然密码的钥匙，它让我们了解地球的构造，认识气候的变迁，洞悉河流的流向与山脉的起伏，感受大自然的鬼斧神工。而风景名胜，则是这幅画卷上最耀眼的明珠，从雄伟壮丽的山川到温婉如画的水乡，每一处风景都承载着历史的记忆，诉说着文化的传承。

地理常识

◆ **地理具体涵盖哪些内容？**

古人将山川形胜都叫作地理。之后的"地理"所涵盖的面就更广了，不仅仅包括山川河流，还包括天文、地理、人文，以及天、地、人之间的关系。

◆ **"赤县神州"是什么意思？为什么用它来代指中国？**

在《史记·孟子荀卿列传》中，中国被叫作赤县神州。这一说法源于邹衍所提出的"大九州"说，中国只是世界九大州之一，名叫"赤县神州"。随着人们愈发了解生活环境，"赤县神州"便用来指代全国。现在用于指代中国。

◆ **九州是指哪九个州？**

上古时期，我国被划为成"九州"。尧时，天下被分为包括冀州、兖州、青州、徐州、扬州、荆州、豫州、梁州和雍州在内的九州。到了西周，多了幽州和并州，少了徐州和梁州。秦以后，九州代指统一的中国。

◆ **中原是指哪里？**

广义上的中原是指黄河中下游地区，或指整个黄河流域，相当于中土、中州的意思。狭义上的中原是指现在河南省及其附近地区。陆游在《示儿》那首诗中所说的中原，是指淮河以北被金人占领的地区。

◆ **江表的称号是怎么来的？**

江表泛指长江以南地区，中原人觉得这一地区位于江外，所以用"江表"来称呼。在著名的赤壁之战中，鲁肃所说的江表英豪，指的就是东吴的英雄豪杰。

◆ **江右的称号是怎么来的？**

唐玄宗开元年间，设置了江南西道，简称江西道，将"江西"简称为"江右"，之后，江右就成为江西省的别称。

◆ **江南具体指哪里？**

在古代，江南通常是指现在湖南、江西及湖北的江南部分。到了近代，则用来指苏南和浙江一带。唐代"江南"的区域范围相当于现在的浙江、福建、江西、湖南等省及苏皖二省的长江以南，湖北、四川省江南的一部分，以及贵州省东北部地区。宋代时的区域范围相当于现在的江西及安徽省长江以南和江苏省江南茅山以西地区。

◆ **河东的称号是怎么来的？**

战国至汉朝时期，河东是指现在的山西省西南部。唐代以后，泛指山西省。秦代以后始设河东道，包括现在山西省及河北省西北部内外长城之间。宋代设置河东路，位于现在山西省内。

◆ **关外的称号是怎么来的？**

秦、汉、唐时期，将陕西定为都城的王朝，用关外称呼函谷关或潼关以东地区。明清时期，关外用来称呼现在辽宁、吉林、黑龙江三省，原因是其位于山海关以外。

◆ **关内的称号是怎么来的？**

古代以陕西为都城的王朝，用关内称呼函谷关或潼关以西王畿附近的地区。到了明清时期，关内则用来称呼山海关以西的地区。此外，现在四川省康定市以东地区也称为关内。

◆ **关中是指哪里？**

关中位于现在的陕西中部平原（渭水流域）地区，原因是春秋战国时期，它属于秦国的领土范围。白居易在《秦中吟》中所说的关中，就是指陕西中部平原地区。

◆ **关东是指哪里？**

关东在古代通常是指关隘以东地区。秦、汉、唐诸王朝都称函谷关或潼关以东的现在河南、山东等地为"关东"。到了近代，关东则是指山海关以东的辽宁、吉林、黑龙江三省。

◆ 塞外是指哪里？

"塞外"是指长城以北，也就是现在的内蒙古中西部一带。因为宁夏平原种植很多水稻，且有诸多河湖，和江南风光特别相似，因此有"塞上江南"一说。

◆ 二京、三辅分别指哪里？

二京：又称"二都""两都"，东汉时期，都城洛阳被称为东京。西汉时，都城长安被称为西京，合称"二京"。

三辅：汉太初元年（前104），置京兆尹、左冯翊、右扶风三个相当于郡的行政区。

◆ 三山指哪里？

福州在古代被称为"三山"，原因是城内有九仙山、乌石山和越王山。也指三神山，即传说中的蓬莱、方丈、瀛洲，又指南京西南、长江东岸的"三山"，这座山有三座山峰。

◆ 三江指哪里？

泛指诸多水道。有以今吴淞江和芜湖、宜兴间由长江通太湖一水、并长江下游为南、中、北三江。也有以现在赣江、岷江、汉江为南、中、北三江等。

◆ "楚河汉界"是怎么来的？

刘邦力挫项羽之后，楚军进退两难，项羽只好提出"中分天下，以鸿沟为界，东为楚，西为汉"的要求。自此，楚汉分别在鸿沟以东和以西安营扎寨。自此，鸿沟就有了"楚河""汉界"一说。

◆ "五湖四海"分别是指什么地方？

五湖是指洞庭湖、鄱阳湖、太湖、洪泽湖和巢湖。四海是指渤海、黄海、东海和南海。人们还用五湖四海来指代全国各地，形容疆域面积很大。从更宽泛的意义上来说，五湖四海是指全天下。

◆ 鸿沟是什么意思？

楚汉相争，以鸿界为界，井水不犯河水。之后，鸿沟就延伸为双方泾渭分明的意思。资料显示，确实存在鸿沟这样一条河。它是一条人工运河，又称狼汤渠。它沟通了黄、淮两河的水上交通航线。

◆ "天府之国"为什么指四川？

"天府之国"原指土地肥沃、物产富饶的地区。秦国的李冰在四川修建都江堰之后，治理了岷江。三国时期，诸葛亮又在这里推行了一系列发展农业生产的举措。之后，这里就成为富饶之地，独享"天府之国"的美誉。

◆ 城隍是什么意思？

"城"是指城墙。"隍"是指城堑，即城外的壕沟，古代又叫护城河。城隍一词便被幻化成城市的守护神。三国时期，民间开始祭祀城隍神。唐代时，开始风靡城隍信仰。城隍从自然神转变成人鬼神。

◆ 三山五岳具体是指哪些名山？

三山在古代代表着神山，并不是真实存在的山。到了近代，三山是指喜马拉雅山、昆仑山和天山三道雄伟山脉，还有人将浙江雁荡山、江西庐山、安徽黄山称为三山。五岳是指东岳泰山、西岳华山、中岳嵩山、北岳恒山和南岳衡山。三山五岳又可指祖国的名山大川。

◆ 五岳之首为什么是东岳泰山呢？

泰山位于齐鲁大地，这是古代的交通要道，孔子故里曲阜就位于泰山脚下。因此，泰山不仅有姣好的自然风景，还具有了文化内涵。此外，泰山还是历代皇神封神祭祀的名山。古人以东为上，因此，泰山就被视为离天最近的地方，所以，天下以泰山为尊，泰山也因此成为五岳之首。

◆ 嵩山八大景指什么？

嵩山八大景，也被称为登封八景，指的是嵩门待月、轩辕早醒、颖水春耕、箕阴避暑、石淙会饮、玉溪垂钓、少室晴雪、卢崖瀑布。

◆ 古代的"山东""山西"和现在所指的是同一个区域吗？

古代的"山东""山西"和如

今所说的"山东""山西"是不对应的。战国时期，山东为诸夏，山西为戎狄。唐宋以前，山东泛指现在太行山以东的大部分地区，而山西则是指函谷关以西地区。到了明清时期，才开始设山东省、山西省，并沿用至今。

◆ "夜郎自大"的"夜郎"在哪里？

古代，夜郎国的管辖范围包括中国的贵州省西北部、云南的东北及四川的南部，以及东南亚的一些国家。这里温度适宜、降雨量丰富，适合农业生产。到汉代时，这里已经是一个经济繁荣的地区了。

◆ "三十年河东，三十年河西"指的是哪条河？

"三十年河东，三十年河西"中的河是指黄河。黄河流经黄土高原时，会带走大量泥沙，并在平原地区堆积下来，形成地上悬河。悬河会时常改道，所以，有些原本住在黄河东面的人，经过黄河改道以后，就会来到黄河西面。

◆ "十里长亭"是不是距离很远？

驿路是古代为了传递军政公文所修建的交通大道，而驿站就修在这样的驿路上，每隔三十里会出现一个。之后，每十里修建一座长亭，每五里修一座短亭。

◆ 有"名士之乡"美誉的是哪座城市？

绍兴享有"名士之乡"的美誉，这里是首批国家历史文化名城、东亚文化之都。从这里走出去的两院院士多达84位，目前已经有不止150家院士专家工作站，可见这里培养了多少人才。

◆ 哪座城市被称为"中国雕塑之都"？

大同市被称为中国雕塑之都，它位于山西省。这里有精湛的古代雕刻技术，造型形象生动，造就了中国雕塑艺术的巅峰，堪称一座文化底蕴深厚的城市。

◆ 为什么称"山海关"为天下第一关？

山海关位于华北和东北交界处，地理位置十分险要。山海关的城池非常雄伟，有"一夫当关，万夫莫开"的架势。此外，它还是控制长城的机枢，所以被誉为"天下第一关"。

◆ 有"龙城"之称的是哪座城市？

太原，作为山西省的省会，享有"龙城"的美誉。这一美称的由来，归功于其悠久的历史底蕴。太原历经 2500 年的沧桑岁月，早在春秋时期便被称为晋阳邑，而在战国、汉代、隋代、唐代等多个历史时期，都有皇帝或显赫人物在此地建立政权或创下丰功伟绩。这些历史事件使得太原在历史的长河中占据了举足轻重的地位，因而获得了"龙城"的称号。

◆ 世界最大的天坑群在哪？

位于我国广西壮族自治区百色市乐业县，被称为乐业天坑群。乐业天坑群的范围达 20 多平方千米，由大石围天坑和附近的数十个天坑密集排列而成。具体来说，天坑数量达到 29 个，其中超级天坑有 2 个。此外，在全世界 13 个超大型天坑中，分布在乐业的就有 7 个。

◆ "中国第一水乡"是指哪里？

"中国第一水乡"指的是江苏省昆山市的周庄，这里历史悠久，因为小桥流水人家的风土人情而远近闻名。这里处处是河，在河边漫步，时常会遇到游船，江南水乡的气息扑面而来。

◆ 有"冰城"之称的是哪座城市？

"冰城"通常指的是哈尔滨，这是冬季漫长且寒冷，冰雪覆盖时间长，且哈尔滨每年都会举办盛大的冰雪节等活动，因此得此美誉。

◆ 哪座城市被誉为"瓷都"？

江西景德镇的制瓷历史非常悠久，是中国远近闻名的瓷器产地。这里的瓷器质地优良、造型既美观又轻巧。所以，这里被誉为"瓷都"，是中国乃至世界陶瓷文化的一个重要代表。

◆ **中国地理之最有哪些?**

最大的平原——东北平原

最大的盆地——塔里木盆地

最大的沙漠——塔克拉玛干沙漠

最大的三角洲——长江三角洲

最大的林区——大兴安岭和长白山地

最大的护林带——东北平原西部的"绿色长城"

降水量最多的地方——台湾的火烧寮

降水量最少的地方——新疆和甘肃西部

夏季气温最低的地方——青藏高原

最长的河流——长江

最短的河流——河北承德的热河

长江最长的支流——汉水

最长的内陆河——塔里木河

最大的渔场——舟山渔场

最大的露天煤矿——阜新煤矿

最大的人工海港——天津新港

最大的省级行政区——新疆维吾尔自治区

湖泊最多的省——湖北省

春小麦产量最多的省——黑龙江省

人口最多的省——广东省

最大的岛屿——台湾岛

大陆海岸线最长的省——广东省

最大的城市——上海

◆ **中国都有哪些世界之最?**

世界最高的咸水湖——西藏纳木错湖

世界最长的运河——京杭大运河

世界海拔最高的大河——雅鲁藏布江

世界含沙量最多的河流——黄河

世界最早的水闸式运河——广西灵渠

世界最著名的涌潮——浙江钱塘江大潮

世界最古老的东西贸易通道——丝绸之路

世界最长的城墙——中国万里长城

世界最大的陨石雨和陨石降落地——吉林省

世界流动沙土面积百分比最大的沙漠——塔克拉玛干沙漠

世界围地面积最大的城墙——明代南京石头城

世界最高的北回归线标志塔——广东从化北回归线标志塔

风景名胜

◆ "胡同"是如何成为北京城的一大特色的?

元定都大都,即现在的北京城以后,建筑风格呈豆腐块状,南北多为街道,东西均为小巷,街道成井字结构。这时有记载的胡同就有6000多条。之后,胡同成为北京城的一大特色,既是交通要道,也是传承文化和历史的史诗。

◆ 四大名楼是指哪四座楼?

一说四大名楼指的是岳阳楼、滕王阁、黄鹤楼、蓬莱阁;另一说四大名楼分别为黄鹤楼、岳阳楼、滕王阁、越王楼;还有一说为黄鹤楼、岳阳楼、滕王阁、鹳雀楼。

◆ 四大名亭是指哪四亭?

四大名亭分别为安徽滁州的醉翁亭、北京的陶然亭、湖南长沙的爱晚亭和杭州西湖的湖心亭。

◆ 广州为什么别称"羊城"?

民间传说西周末期,广州遭遇天灾,上苍出于怜悯,派出5位仙人,骑着五色仙羊来救济。每只羊叼来一棵麦穗,待仙人施法后将5棵麦穗撒向人间,保证人间不再饥渴。仙人离开以后,5只仙羊就化为石头留在了广州,所以广州就有了"羊城"这一别称。

◆ "羊城八景"是指哪八大景致?

如今的"羊城新八景"为云山叠翠、珠水夜韵、越秀新晖、天河飘绢、古祠留芳、黄花皓月、五环晨曦和莲峰观海。

◆ 九大名关具体指哪九个?

河北省秦皇岛市的"天下第一关"山海关、北京市昌平区的居庸关、山西省平定县东的娘子关和雁门关、山西省繁峙县东北的平型关、河南省信阳南部的武胜关、河北省易县城西的紫荆关、甘肃省嘉峪关市的嘉峪关，以及广西凭祥西南的友谊关。

◆ 鸭绿江因何得名？

鸭绿江以吉林省东南部的长白山为源头，流经辽宁省东港市，最后汇入黄海。汉代时，它名为马訾水。到了唐代，才开始叫鸭绿江。史学家杜佑撰写的《通史》记载，鸭绿江的源头处的水色，和公鸭头上羽毛的颜色很像，所以叫鸭绿江。

◆ 古建筑的屋顶上为什么会有一些 装饰兽？

麒麟、凤凰、龟和龙是古代传说中的四灵，它们守护人间，保护人们平安健康，被誉为"四大吉祥兽"。建筑中，四大神兽经常会被建在屋顶上，以保佑家宅平安。很多建筑上的装饰兽，就源于这四灵。

◆ 故宫为什么被称为"紫禁城"？

故宫又名紫禁城，之所以用"紫"来命名，和古代"天人合一"的思想有密切的关联。古代的天文学家将天上的恒星分三垣，而紫微垣位于正中间，位置几乎是固定的。它所在的位置就是天帝所住的地方紫宫，而帝王之都又是禁地，于是故宫就被人们称为"紫禁城"。

◆ 为什么将天坛称为最有中国特色 的庙坛建筑？

天坛是明清时期皇帝祭天的场所，也是中国历史上规模最大的祭天建筑。整座建筑呈"回"字形，涵盖了哲学、美学、力学、历史、生态学等多种理念，体现了中国古代"天人合一"和"天圆地方"的建筑思想。

◆ "天安门"原名叫什么？

永乐十五年，天安门开始修建，当时叫承天门。明天顺元年，承天门曾遭到破坏。崇祯十七年，李自成一把火烧了承天门。顺治八年，清政府重新修缮了此门，并改名为天安门。它是由明代的蒯祥主持设计的。

◆ 颐和园为什么是中国皇家园林的代表之一？

颐和园是中国保存下来的最为完整的一座皇家园林，也是中国皇家园林的代表之一。它包括宫殿区和园林区两部分，园林区的主体是昆明湖和万寿山，佛香阁是其核心建筑。颐和园不仅景致美，而且极具特色，堪称我国造园艺术的神来之笔。

◆ 圆明园为什么被誉为"万园之园"？

中国历史上规模最大的皇家园林就是圆明园，它是圆明园、长春园和绮春园的合称。圆明园一开始只有 300 亩，乾隆年间，又修建了长春园。1772 年修建了绮春园。在世界园林史上，圆明园都名声在外，享有"万园之园"的美誉。

◆ 承德"避暑山庄"只是用来避暑的吗？

承德避暑山庄既是康熙帝发现的避暑胜地，也有深远的政治目的。康熙帝在这里会见蒙古等民族首领，举行会盟和秋狩大典，以促进边疆的稳定。

◆ "天下第一泉"是指哪里？

唐代茶圣陆羽遍访名山大川，定谷帘泉为"天下第一泉"。到了近代，济南七十二泉之首——趵突泉被誉为"天下第一泉"。而江苏的惠山泉作为九十三泉中的优胜者，被陆羽定为"天下第二泉"。

◆ "飞来峰"的名字是怎么来的？

事实上，飞来峰是一种地质构造，它是受到地球内力的作用，受到周围山体的挤压，形成断层，经过多次地质运动和侵蚀作用，形成了新岩石上覆盖老岩石的特点。以"飞来"命名的景观不仅有灵隐寺的飞来峰，还有广东清远的飞来寺等。

◆ 黄山这个名字是怎么来的？

传说黄帝曾在此炼丹，所以将此地命名为"黄山"。有一种说法是唐玄宗推崇道教，将这里改为黄山。元人赵访利用阴阳五行说，结合黄山所在的地理位置，而黄色是中央正色，因此命名黄山。

◆ 山西"五台山"的"五台"分别指什么？

五台山位于山西省五台县，由5座山峰组成,5座山峰均以台命名，分别是东台望海峰、西台挂月峰、南台锦绣峰、北台叶斗峰和中台翠岩峰。

◆ 古代的"丝绸之路"起于哪里？

丝绸之路是西汉时期的张骞开辟的，以长安（今西安）为起点，经由甘肃、新疆到中亚、西亚，并将地中海各国连接在一起的陆上通道。而海上丝绸之路则以番禺（后改称广州）、登州（今蓬莱）、扬州、明州（今宁波）、泉州、刘家港等为起点。

◆ "茶马古道"主要有几条线路？

茶马古道主要有三条线路，分别是青藏线、滇藏线和川藏线。其中，影响最为深远的是川藏线。茶马古道是唐宋以来汉族和藏族之间进行经济贸易的重要通道，主要内容是茶马互市，主要运输方是马帮。

◆ 庐山因何得名？

周代有个叫匡俗的人，在这座山修道，盖了一座茅庐。周王想请他下山为官，却已找不到他的踪迹，只剩下一栋空庐。有人说他得道成仙了，这里就被叫作匡山、匡庐或庐山。

◆ "姑苏城外寒山寺，夜半钟声到客船"描写的是哪里？

唐代诗人张继写下一首诗，名叫《枫桥夜泊》，其中有两句是"姑苏城外寒山寺，夜半钟声到客船。"姑苏是苏州的别称。寒山寺，古代又称枫桥寺。

◆ "桂林山水甲天下"一说从何而来？

诗人范成大曾夸赞桂林山水堪称天下第一。南宋末年的李曾伯在《重修湘西楼记》中写道"桂林山川甲天下"。清代的诗人金武祥将其中的川改为水。"桂林山水甲天下"因此流传下来。

◆ 四大盆地是指哪四座盆地？

四大盆地是指塔里木盆地、准噶尔盆地、柴达木盆地、四川盆地。

◆ "六大古都"分别指哪里？

"六大古都"分别指西安、洛阳、

北京、南京、开封和杭州。

◆ 四大高原是指哪四座高原？

四大高原是指青藏高原、内蒙古高原、黄土高原和云贵高原。

◆ 五大江河是指哪五条江河？

五大江河分别指长江、黄河、珠江、黑龙江和松花江。

◆ 龙门石窟是什么样子的？

龙门石窟分布在伊水东西两山陡峭的山崖上，南北有 1 千米长，现有 2345 个窟龛，2680 余品题记和碑刻，70 多座佛塔，10 万多尊造像。其中最大的卢舍佛像有 17.14 米高，最小的只有 2 厘米高。

◆ "川中四绝"是指哪大景致？

"川中四绝"是指夔门天下雄、剑门天下险、峨眉天下秀和青城天下幽。

◆ 莫高窟位于什么地方？

莫高窟是我国历史上三大石窟之一，位于甘肃省敦煌市，它的壁画非常精致，塑像在全世界都非常有名气。它的规模很大，现有 735 个洞窟、2415 尊泥质彩塑，壁画面积达 4.5 万平方米，是世界上令人叹为观止的最大的佛教艺术圣地。

◆ 云冈石窟是什么样子的？

云冈石窟依山而建，东西长约 1 千米。窟中菩萨、力士、飞天形象栩栩如生，塔柱上有精美的雕刻，既继承了秦汉现实主义文学的精髓，又开启了隋唐浪漫主义色彩的序章。现存主要洞窟有 45 个，252 个窟龛，5.1 万余尊造像。

◆ 香山因何受到大众热捧？

香山上有 20 多万株树，大部分为松树。南面山坡上有一大片黄栌林，一到金秋时节，叶子就像火一样红，这就是燕京八景之一的"香山红叶"。香山的最高峰上有两块巨大的乳峰石，形态和香炉很像。

◆ 九寨沟为什么受到这么多人的欢迎？

九寨沟平均海拔超过 3000 米，三分之二的区域都被原始森林覆盖，有 108 个海子（堰塞湖），瀑布不计其数。飞瀑、溪流、多姿多彩的海子连成一体，如同进入仙境。

◆ **丰都为什么称为"鬼城"？**

丰都是举世闻名的"鬼城"。传说东汉和帝刘肇的曾祖父阴长生，曾在丰都附近的平都山修道飞升。之后，一个叫王方平的人在平都山上的五云洞修道成仙。这里因此修建了二仙像，佛寺、道观等，鬼城开始具象化。

◆ **天涯海角位于哪里？**

天涯海角位于海南岛南端，天蓝蓝、水清清。海边的奇石基本为流线型，躬身向岸边，当地用"石林"称呼它们。其中有两块巨石，一块上面刻着"天涯"，另一块上面刻着"海角"。

◆ **日月潭位于哪里？**

日月潭位于台湾省中部群山中，湖面海拔约 760 米，面积约 4.4 平方千米。湖中有个岛，远看就像在水面上漂浮的一颗珠子，过去称珠子屿，后改为光华岛。光华岛北面，湖形和日轮很像，岛的南面，湖形和月弧很像，因此得名日月潭。

◆ **中国七泉分别指哪七个泉？**

中国七泉分别指中泠泉、水帘洞泉、卧龙泉、北温泉、玉泉、趵突泉和碧玉泉。

◆ **长江三峡包括哪三座峡谷？**

长江三峡包括瞿塘峡、巫峡和西陵峡。瞿塘峡从重庆奉节县白帝城至巫山县大溪镇，巫峡西至重庆巫山县大宁河口，东至湖北巴东县官渡口。西陵峡西至湖北秭归的秀溪口，东到宜昌的南津关。

◆ **黄河的发源地在哪？**

黄河发源于青藏高原巴颜喀拉山脉的约古宗列盆地，自西向东分别流经青海、四川、甘肃、宁夏、内蒙古、山西、陕西、河南及山东 9 个省（自治区），最后流入渤海。黄河全长约 5464 千米，流域面积约 79.5 万平方千米。

◆ **长城经历了怎样的修建历程？**

长城的修建一共持续了 2000 多年之久，最早是由战国时期的楚国修建的，之后秦始皇开始大规模修建长城。之后又有十多个王朝修建长城。

明王朝统治期间，一直都在修建长城。

◆ 秦陵兵马俑为何如此令人叹为观止？

秦陵兵马俑像真人、真马一样高大，武士俑有 1.8 米高，一脸威严、面目均不同，制作精细，形神兼备。陶俑人物个性突出，形态逼真。陶马更是苍劲有力，生动至极。

◆ 黄果树瀑布到底有多壮观？

黄果树瀑布位于贵州省镇宁自治县西南 15 千米的白水河上，白水河从此地经过时，形成九级瀑布。黄果树瀑布包括三部分，分别是瀑布、水帘洞和犀牛潭。主瀑布高 66.8 米，宽 81.2 米，顶上还有一级"瀑上瀑"，高 4.5 米，总高 71.3 米。

◆ 苏州园林为什么在私家园林中名气最大？

中国的私家园林主要位于南方，其中名气最大的当数苏州园林。江苏苏州处处是水道、湖泊，周边盛产太湖石，绮丽万分，堆积成千奇百怪的假山，非常方便。明清时期的官僚、士大夫等均在这里修建园林别墅。

◆ 昭陵六骏是什么样子的？

昭陵是唐太宗李世民的陵墓，现陵山北面还有祭坛和司马门的遗址，而昭陵六骏就位于祭坛前东西两庑，它由 6 块高约 1.7 米、宽约 2 米的长方形石灰岩雕刻而成。六匹战马，三匹站立，三匹呈奔跑姿势。

◆ 我国最早的佛寺是哪一座？

我国最早的佛寺是白马寺，位于河南洛阳市以东 12 千米的地方，于公元 68 年建成。汉明帝派使臣到西域取经归来，命人修建这座寺院。由于佛经、佛像均是白马运来，所以命名"白马寺"。

◆ 赵州桥是我国最古老的桥吗？

不是，但赵州桥是我国现存最古老的大跨径单孔石拱桥。

◆ 天山天池为什么是避暑胜地？

天山天池海拔 1900 米，面积 4.9 平方千米，水深 100 米，池水清澈。周围都是山，博格达峰海拔 5445 米，终年积雪，倒映在池水中。池边绿树葱郁，云杉高耸入云。现在，天池已经是避暑胜地。

◆ 天下第一名刹是指哪里?

少林寺是天下第一名刹,少林武术的发源地。由于其位于河南省登封市中岳嵩山的腹地,少室山下的密林中,因此得名"少林寺"。它以禅宗和武术名扬于世。宋代,少林派在中国武术派别中名列前茅。

◆ 悬空寺为什么被称为史上的一个奇迹?

悬空寺位于山西省浑源县城南恒山金龙峡西崖峭壁上,在崖壁上建房屋,30多处殿堂楼阁有序"镶嵌"在峭壁上,远远看去就像仙山琼楼。经过多年雨打风霜,依然完好无恙,堪称建筑史上的一个奇迹。

◆ 四大碑林是指哪四座碑林?

四大碑林分别指西安碑林、曲阜孔庙碑林、高雄市南门碑林和西昌地震碑林。

◆ 大理三塔是指哪三座塔?

云南大理西北面有一座崇圣寺,寺内有三座塔,合称大理三塔。三塔主塔叫"千寻塔"。三塔呈三足鼎立之势,主塔西面南北各有一座小塔,两座小塔顶各有三只铜葫芦,

被誉为"大西南之瑰宝"。

◆ 布达拉宫为什么享有"世界屋脊的明珠"的美誉?

布达拉宫位于拉萨旧城西面2千米的红山上,主楼13层,高116米,东西绵延400多米,包括红宫、白宫两部分以及与之相配的各种建筑。整个建筑呈现出明显的藏族建筑艺术的特点,享有"世界屋脊的明珠"的美誉。

◆ 楼兰古城是如何被发掘的?

楼兰,是中国古代郡国的一个重要城镇,"丝绸之路"上的一个重要驿站。1900年,瑞典探险家斯文·赫定偶然发现了一座古城,这里出土了很多文物,像钱币、纺织品、陶器等。后经过鉴定,这座古城就是楼兰古国。